KB094518

~ 미래와 통하는 책 ~

동양북스 외국어
베스트 도서

700만 독자의 선택!

새로운 도서,
다양한 자료
동양북스
홈페이지에서
만나보세요!

www.dongyangbooks.com
m.dongyangbooks.com

※ 학습자료 및 MP3 제공 여부는 도서마다 상이하므로 확인 후 이용 바랍니다.

홈페이지 도서 자료실에서 학습자료 및 MP3 무료 다운로드

PC

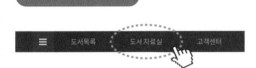

❶ 홈페이지 접속 후 도서 자료실 클릭
❷ 하단 검색 창에 검색어 입력
❸ MP3, 정답과 해설, 부가자료 등 첨부파일 다운로드

* 원하는 자료가 없는 경우 '요청하기' 클릭!

MOBILE

* 반드시 '인터넷, Safari, Chrome' App을 이용하여 홈페이지에 접속해주세요. (네이버,
다음 App 이용 시 첨부파일의 확장자명이 변경되어 저장되는 오류가 발생할 수 있습니다.)

❶ 홈페이지 접속 후 ☰ 터치

❷ 도서 자료실 터치

❸ 하단 검색창에 검색어 입력
❹ MP3, 정답과 해설, 부가자료 등 첨부파일 다운로드

* 압축 해제 방법은 '다운로드 Tip' 참고

일본어 펜맨십

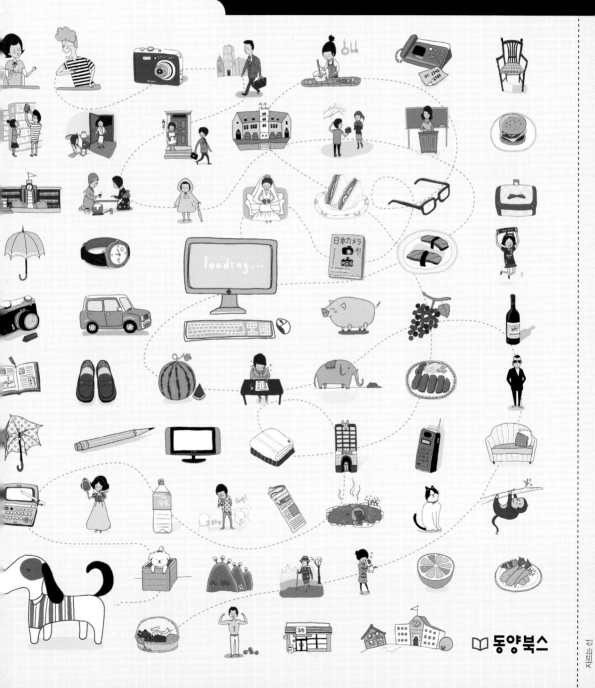

동양북스

일본어
펜맨십

동양북스

あ 아[a]	ー	ナ	あ	あ	あ	あ	あ

い 이[i]	し	い	い	い	い	い	い

う 우[u]	`	う	う	う	う	う	う

え 에[e]	`	え	え	え	え	え	え

お 오[o]	ー	お	お	お	お	お	お

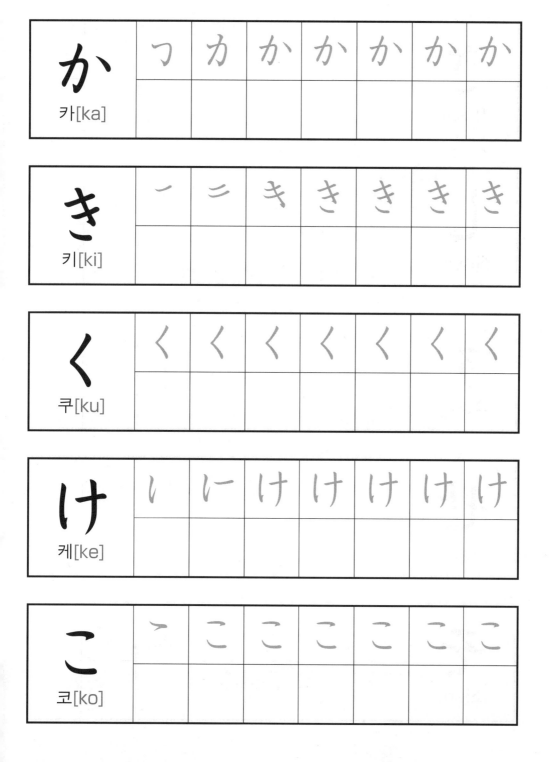

| か
카[ka] | つ | カ | か | か | か | か | か |
| | | | | | | | |

| き
키[ki] | ー | ニ | き | き | き | き | き |
| | | | | | | | |

| く
쿠[ku] | く | く | く | く | く | く | く |
| | | | | | | | |

| け
케[ke] | ｜ | ｜‐ | け | け | け | け | け |
| | | | | | | | |

| こ
코[ko] | ⌐ | こ | こ | こ | こ | こ | こ |
| | | | | | | | |

さ 사[sa]	ー	ナ	さ	さ	さ	さ	さ

し 시[shi]	し	し	し	し	し	し	し	し

す 스[su]	ー	す	す	す	す	す	す

せ 세[se]	ー	ナ	せ	せ	せ	せ	せ

そ 소[so]	そ	そ	そ	そ	そ	そ	そ

た	ˊ	ナ	た	た	た	た	た
타[ta]							

ち	ˊ	ち	ち	ち	ち	ち	ち
치[chi]							

つ	つ	つ	つ	つ	つ	つ	つ
츠[tsu]							

て	て	て	て	て	て	て	て
테[te]							

と	ˋ	と	と	と	と	と	と
토[to]							

| な
나[na] | 一 | ナ | た | な | な | な | な |
| | | | | | | | |

| に
니[ni] | l | lʾ | に | に | に | に | に |
| | | | | | | | |

| ぬ
누[nu] | 丶 | ぬ | ぬ | ぬ | ぬ | ぬ | ぬ |
| | | | | | | | |

| ね
네[ne] | l | ね | ね | ね | ね | ね | ね |
| | | | | | | | |

| の
노[no] | の | の | の | の | の | の | の |
| | | | | | | | |

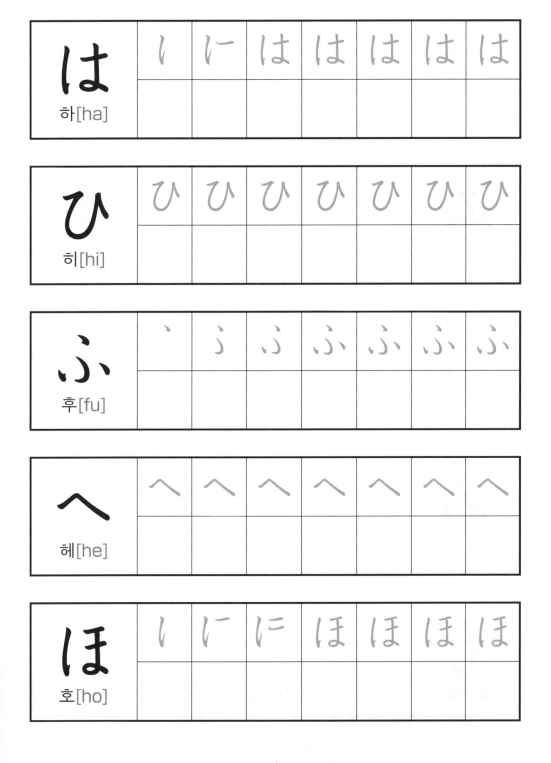

は	し	に	は	は	は	は	は
하[ha]							

ひ	ひ	ひ	ひ	ひ	ひ	ひ	ひ
히[hi]							

ふ	、	う	ふ	ふ	ふ	ふ	ふ
후[fu]							

へ	へ	へ	へ	へ	へ	へ	へ
헤[he]							

ほ	し	に	に	ほ	ほ	ほ	ほ
호[ho]							

ま 마[ma]	一	二	ま	ま	ま	ま	ま

み 미[mi]	み	み	み	み	み	み	み

む 무[mu]	一	も	む	む	む	む	む

め 메[me]	丶	め	め	め	め	め	め

も 모[mo]	も	も	も	も	も	も	も

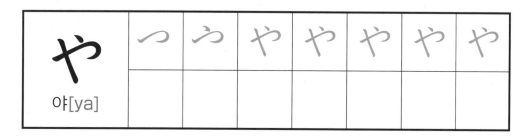

や	つ	う	や	や	や	や	や
야[ya]							

ゆ	い	ゆ	ゆ	ゆ	ゆ	ゆ	ゆ
유[yu]							

よ	`	よ	よ	よ	よ	よ	よ
요[yo]							

쓰기 어려운 글자 연습

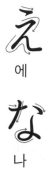
에

나

오

누

소

미

ら	`	ら	ら	ら	ら	ら	ら
라[ra]							

り	し	り	り	り	り	り	り
리[ri]							

る	る	る	る	る	る	る	る
루[ru]							

れ	l	れ	れ	れ	れ	れ	れ
레[re]							

ろ	ろ	ろ	ろ	ろ	ろ	ろ	ろ
로[ro]							

わ 와[wa]	1	わ	わ	わ	わ	わ	わ

を 오[o]	一	ナ	を	を	を	を	を

ん 응[N]	ん	ん	ん	ん	ん	ん	ん

쓰기 어려운 글자 연습

め 메	ひ 히	る 루
れ 레	わ 와	を 오

ア	⌐	ア	ア	ア	ア	ア	ア
아[a]							

イ	ノ	イ	イ	イ	イ	イ	イ
이[i]							

ウ	`	｀	ウ	ウ	ウ	ウ	ウ
우[u]							

エ	一	丁	エ	エ	エ	エ	エ
에[e]							

オ	一	才	オ	オ	オ	オ	オ
오[o]							

カ	フ	カ	カ	カ	カ	カ	カ
카[ka]							

キ	一	二	キ	キ	キ	キ	キ
키[ki]							

ク	ノ	ク	ク	ク	ク	ク	ク
쿠[ku]							

ケ	ノ	ケ	ケ	ケ	ケ	ケ	ケ
케[ke]							

コ	コ	コ	コ	コ	コ	コ	コ
코[ko]							

サ	一	十	サ	サ	サ	サ	サ
사[sa]							

シ	`	ミ	シ	シ	シ	シ	シ
시[shi]							

ス	フ	ス	ス	ス	ス	ス	ス
스[su]							

セ	一	セ	セ	セ	セ	セ	セ
세[se]							

ソ	`	ソ	ソ	ソ	ソ	ソ	ソ
소[so]							

タ	ノ	ク	タ	タ	タ	タ	タ
타[ta]							

チ	ー	二	チ	チ	チ	チ	チ
치[chi]							

ツ	丶	゛	ツ	ツ	ツ	ツ	ツ
츠[tsu]							

テ	ー	二	テ	テ	テ	テ	テ
테[te]							

ト	l	ト	ト	ト	ト	ト	ト
토[to]							

ナ	一	ナ	ナ	ナ	ナ	ナ	ナ
나[na]							

二	一	二	二	二	二	二	二
니[ni]							

ヌ	フ	ヌ	ヌ	ヌ	ヌ	ヌ	ヌ
누[nu]							

ネ	ヽ	ラ	ネ	ネ	ネ	ネ	ネ
네[ne]							

ノ	ノ	ノ	ノ	ノ	ノ	ノ	ノ
노[no]							

ハ	ノ	ハ	ハ	ハ	ハ	ハ	ハ
하[ha]							

ヒ	ヽ	ヒ	ヒ	ヒ	ヒ	ヒ	ヒ
히[hi]							

フ	フ	フ	フ	フ	フ	フ	フ
후[fu]							

ヘ	ヘ	ヘ	ヘ	ヘ	ヘ	ヘ	ヘ
헤[he]							

ホ	一	ナ	オ	ホ	ホ	ホ	ホ
호[ho]							

マ	マ	マ	マ	マ	マ	マ	マ
마[ma]							

ミ	ミ	ミ	ミ	ミ	ミ	ミ	ミ
미[mi]							

ム	ム	ム	ム	ム	ム	ム	ム
무[mu]							

メ	メ	メ	メ	メ	メ	メ	メ
메[me]							

モ	モ	モ	モ	モ	モ	モ	モ
모[mo]							

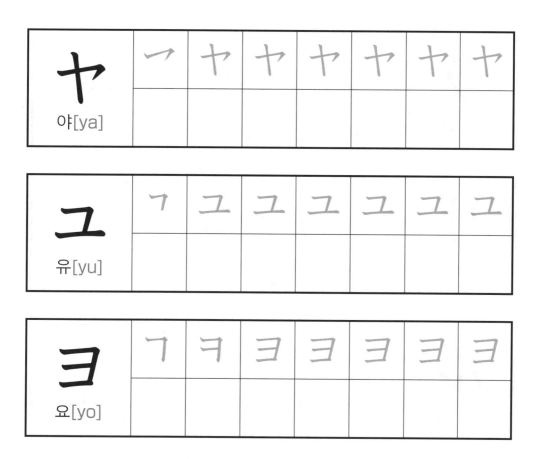

ヤ	⁻	ヤ	ヤ	ヤ	ヤ	ヤ	ヤ
야[ya]							

ユ	フ	ユ	ユ	ユ	ユ	ユ	ユ
유[yu]							

ヨ	⁻	ヨ	ヨ	ヨ	ヨ	ヨ	ヨ
요[yo]							

헷갈리는 글자 똑바로 쓰기

シ	ツ		コ	ユ
시	츠		코	유
オ	ネ		ホ	モ
오	네		호	모

ラ 라[ra]	ー	ラ	ラ	ラ	ラ	ラ	ラ

リ 리[ri]	ノ	リ	リ	リ	リ	リ	リ

ル 루[ru]	ノ	ル	ル	ル	ル	ル	ル

レ 레[re]	レ	レ	レ	レ	レ	レ	レ

ロ 로[ro]	㇀	冂	ロ	ロ	ロ	ロ	ロ

ワ	`ヽ`	`ノ`	ワ	ワ	ワ	ワ	ワ
와[wa]							

ヲ	`ー`	`ニ`	ヲ	ヲ	ヲ	ヲ	ヲ
오[o]							

ン	`ヽ`	`ン`	ン	ン	ン	ン	ン
응[N]							

헷갈리는 글자 똑바로 쓰기

ソ	ン		ラ	ヲ
소	응		라	오

が 가[ga]	つ	カ	か	が	が	が	が

ぎ 기[gi]	ー	=	き	き	ぎ	ぎ	ぎ

ぐ 구[gu]	く	ぐ	ぐ	ぐ	ぐ	ぐ	ぐ

げ 게[ge]	し	し	け	げ	げ	げ	げ

ご 고[go]	⁻	こ	ご	ご	ご	ご	ご

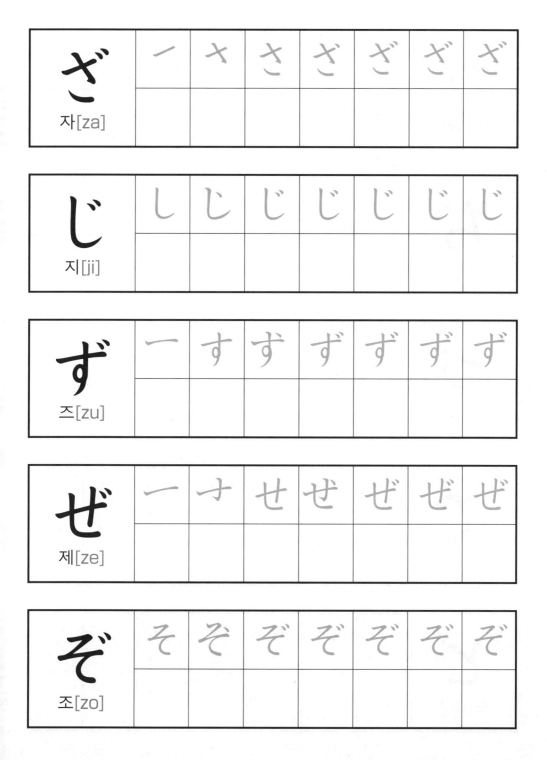

ざ	一	ナ	さ	ざ	ざ	ざ	ざ
자[za]							

じ	し	し	じ	じ	じ	じ	じ
지[ji]							

ず	一	す	ず	ず	ず	ず	ず
즈[zu]							

ぜ	一	ナ	せ	ぜ	ぜ	ぜ	ぜ
제[ze]							

ぞ	そ	ぞ	ぞ	ぞ	ぞ	ぞ	ぞ
조[zo]							

だ	ー	ナ	た	ただ	だ	だ	だ
다[da]							

ぢ	ー	ち	ち	ぢ	ぢ	ぢ	ぢ
지[ji]							

づ	つ	づ	づ	づ	づ	づ	づ
즈[zu]							

で	て	で	で	で	で	で	で
데[de]							

ど	ヽ	と	と	ど	ど	ど	ど
도[do]							

ば	い	に	は	ば	ば	ば	ば
바[ba]							

び	ひ	ひ	び	び	び	び	び
비[bi]							

ぶ	`	う	ふ	ふ	ぶ	ぶ	ぶ
부[bu]							

べ	へ	べ	べ	べ	べ	べ	べ
베[be]							

ぼ	い	に	に	ほ	ほ	ぼ	ぼ
보[bo]							

ガ	フ	カ	ガ	ガ	ガ	ガ	ガ
가[ga]							

ギ	一	ニ	キ	キ	ギ	ギ	ギ
기[gi]							

グ	ノ	ク	グ	グ	グ	グ	グ
구[gu]							

ゲ	ノ	ヘ	ケ	ゲ	ゲ	ゲ	ゲ
게[ge]							

ゴ	フ	コ	ゴ	ゴ	ゴ	ゴ	ゴ
고[go]							

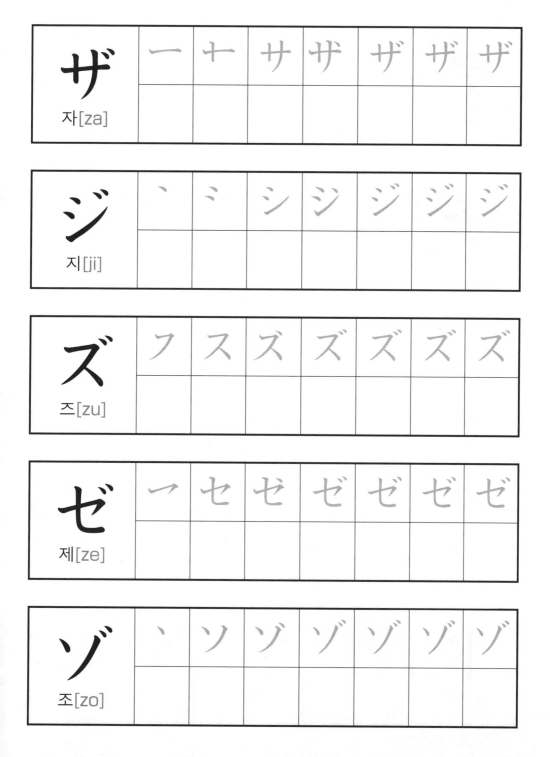

ザ 자[za]	一	十	サ	ザ	ザ	ザ	ザ
ジ 지[ji]	`	` `	シ	シ	ジ	ジ	ジ
ズ 즈[zu]	フ	ス	ズ	ズ	ズ	ズ	ズ
ゼ 제[ze]	ノ	セ	ゼ	ゼ	ゼ	ゼ	ゼ
ゾ 조[zo]	`	ソ	ゾ	ゾ	ゾ	ゾ	ゾ

ダ	ノ	ク	タ	ダ	ダ	ダ	ダ
다[da]							

ヂ	一	二	チ	ヂ	ヂ	ヂ	ヂ
지[ji]							

ヅ	丶	゛	ツ	ヅ	ヅ	ヅ	ヅ
즈[zu]							

デ	一	二	テ	デ	デ	デ	デ
데[de]							

ド	丨	ト	ド	ド	ド	ド	ド
도[do]							

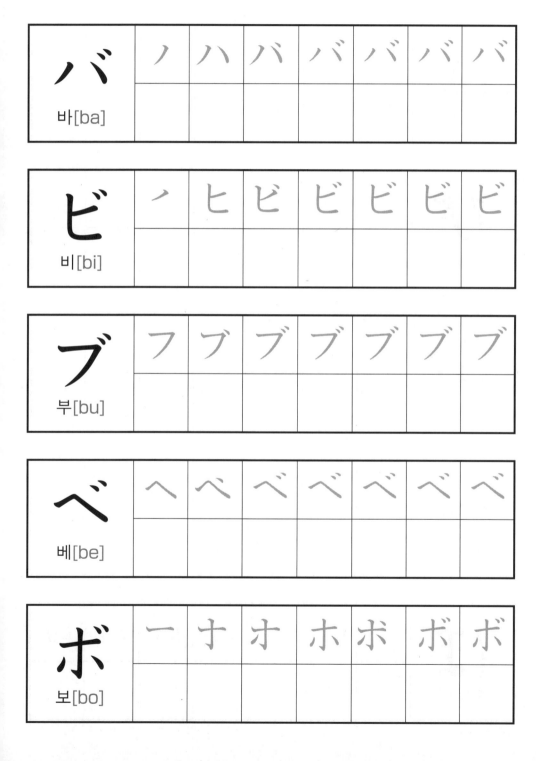

バ	ノ	ハ	バ	バ	バ	バ	バ
바[ba]							

ビ	ー	ヒ	ビ	ビ	ビ	ビ	ビ
비[bi]							

ブ	フ	ブ	ブ	ブ	ブ	ブ	ブ
부[bu]							

ベ	ヘ	ベ	ベ	ベ	ベ	ベ	ベ
베[be]							

ボ	一	ナ	オ	ホ	ホ	ボ	ボ
보[bo]							

ぱ 파[pa]	し	し゛	は	ぱ	ぱ	ぱ	ぱ

ぴ 피[pi]	ひ	ぴ	ぴ	ぴ	ぴ	ぴ	ぴ

ぷ 푸[pu]	`	ぅ	ふ	ふ	ぶ	ぶ	ぶ

ぺ 페[pe]	へ	ぺ	ぺ	ぺ	ぺ	ぺ	ぺ

ぽ 포[po]	し	し゛	に	ぽ	ぽ	ぽ	ぽ

パ	ノ	ハ	パ	パ	パ	パ	パ
파[pa]							

ピ	ˊ	ヒ	ピ	ピ	ピ	ピ	ピ
피[pi]							

プ	フ	プ	プ	プ	プ	プ	プ
푸[pu]							

ペ	ヘ	ペ	ペ	ペ	ペ	ペ	ペ
페[pe]							

ポ	一	ナ	オ	ホ	ポ	ポ	ポ
포[po]							

히라가나
요음

きゃ	きゃ	きゅ	きゅ	きょ	きょ
非[kya]		큐[kyu]		쿄[kyo]	

ぎゃ	ぎゃ	ぎゅ	ぎゅ	ぎょ	ぎょ
갸[gya]		규[gyu]		교[gyo]	

しゃ	しゃ	しゅ	しゅ	しょ	しょ
샤[sha]		슈[shu]		쇼[sho]	

じゃ 쟈[ja]	じゃ	じゅ 쥬[ju]	じゅ	じょ 죠[jo]	じょ

ちゃ 챠[cha]	ちゃ	ちゅ 츄[chu]	ちゅ	ちょ 쵸[cho]	ちょ

にゃ 냐[nya]	にゃ	にゅ 뉴[nyu]	にゅ	にょ 뇨[nyo]	にょ

ひゃ	ひゃ	ひゅ	ひゅ	ひょ	ひょ
햐[hya]		휴[hyu]		효[hyo]	

びゃ	びゃ	びゅ	びゅ	びょ	びょ
뱌[bya]		뷰[byu]		뵤[byo]	

ぴゃ	ぴゃ	ぴゅ	ぴゅ	ぴょ	ぴょ
퍄[pya]		퓨[pyu]		표[pyo]	

みゃ	みゃ	みゅ	みゅ	みょ	みょ
먀[mya]		뮤[myu]		묘[myo]	

りゃ	りゃ	りゅ	りゅ	りょ	りょ
랴[rya]		류[ryu]		료[ryo]	

가타카나
요음

キャ	キャ	キュ	キュ	キョ	キョ
캬[kya]		큐[kyu]		쿄[kyo]	

ギャ	ギャ	ギュ	ギュ	ギョ	ギョ
갸[gya]		규[gyu]		교[gyo]	

シャ	シャ	シュ	シュ	ショ	ショ
샤[sha]		슈[shu]		쇼[sho]	

ジャ	ジャ	ジュ	ジュ	ジョ	ジョ
쟈[ja]		쥬[ju]		죠[jo]	

チャ	チャ	チュ	チュ	チョ	チョ
챠[cha]		츄[chu]		쵸[cho]	

ニャ	ニャ	ニュ	ニュ	ニョ	ニョ
냐[nya]		뉴[nyu]		뇨[nyo]	

ヒャ	ヒャ	ヒュ	ヒュ	ヒョ	ヒョ
햐[hya]		휴[hyu]		효[hyo]	

ビャ	ビャ	ビュ	ビュ	ビョ	ビョ
뱌[bya]		뷰[byu]		뵤[byo]	

ピャ	ピャ	ピュ	ピュ	ピョ	ピョ
퍄[pya]		퓨[pyu]		표[pyo]	

ミャ	ミャ	ミュ	ミュ	ミョ	ミョ
먀[mya]		뮤[myu]		묘[myo]	

リャ	リャ	リュ	リュ	リョ	リョ
랴[rya]		류[ryu]		료[ryo]	

📖 동양북스

www.dongyangbooks.com

www.dongyangtv.com

일본어
펜맨십

📖 동양북스

www.dongyangbooks.com
www.dongyangtv.com

이름

똑똑! 일본어

부산대학교 일본어교재연구회 저

STEP 1

동양북스

초판 5쇄 | 2023년 10월 5일

지은이 | 부산대학교 일본어교재연구회
발행인 | 김태웅
책임편집 | 길혜진, 이선민
디자인 | 남은혜, 김지혜
마케팅 | 나재승
제　작 | 현대순

발행처 | (주)동양북스
등　록 | 제 2014-000055호(2014년 2월 7일)
주　소 | 서울시 마포구 동교로22길 14 (04030)
구입문의 | 전화 (02)337-1737　팩스 (02)334-6624
내용문의 | 전화 (02)337-1762　dybooks2@gmail.com

ISBN 979-11-5768-593-6 14730
　　　979-11-5768-590-5 (세트)

ⓒ 부산대학교 일본어교재연구회, 2020

▶ 본 책은 저작권법에 의해 보호를 받는 저작물이므로 무단 전재와 복제를 금합니다.
▶ 잘못된 책은 구입처에서 교환해드립니다.
▶ 도서출판 동양북스에서는 소중한 원고, 새로운 기획을 기다리고 있습니다.
　http://www.dongyangbooks.com

이 도서의 국립중앙도서관 출판예정도서목록(CIP)은 서지정보유통지원시스템 홈페이지(http://seoji.nl.go.kr)와
국가자료공동목록시스템(http://www.nl.go.kr/ kolisnet)에서 이용하실 수 있습니다.
(CIP제어번호:CIP2020004230)

본 교재 〈똑똑! 일본어〉는 이제 막 첫발을 내디딘 일본어 공부 학습자를 위해 부산대학교 일
본어교재연구회에서 기획하고 개발한 초급과정 일본어 학습서입니다. 일본어의 문을 똑똑! 두드
리고 한 걸음 한 걸음 나아가 단단하게 기초 과정을 마무리한 후 중급과정으로 도약할 수 있도록
STEP 1과 STEP 2 두 권으로 구성하였습니다.

그동안 부산대학교에서는 기존의 자체 개발 도서 및 시판용 교재를 활용해 초급과정 일본어 교
육에 힘써 왔으나, 학습 분량과 내용, 난이도, 구성 등에 대한 비판적 의견들이 꾸준히 제기되어
왔습니다. 이에 대학의 제일선에서 일본어 교육에 몸담아 온 부산대학교 강사진을 중심으로 일본
어교재연구회를 꾸려 기존의 의견을 수렴하는 한편, 각 강사진들의 강의 경험을 바탕으로 교재에
무슨 내용을 담을 것인지, 어떻게 구성할 것인지, 어휘의 난이도는 어느 수준에 맞출 것인지 등
다양한 토론을 거듭해 왔습니다. 시중에 나와 있는 수많은 일본어 교재 또한 이 책을 완성하는 데
좋은 지침서가 되었습니다. 그들이 가진 장점과 이점을 취하고자 하였습니다.

여러 차례의 논의와 시행착오 끝에 '일본어를 처음으로 배우는 학습자'가 입문 단계를 거쳐 초급
과정을 체계적이고 효율적으로 완성할 수 있도록 최대한 고려한 교재를 내놓기에 이르렀습니다.
언어의 4가지 기본 기능인 읽기, 말하기, 듣기, 쓰기 연습을 종합적으로 훈련할 수 있도록 구성하
여 일상생활에서 기본 회화가 가능하도록 하였습니다.

본 교재의 구성과 특징은 다음과 같습니다.

❶ 일본어 문자와 발음을 충분히 익히고 정확히 발음할 수 있도록 각 과의 '새로운 단어'에 모두 악센
트 표시를 하고, 한자 어휘에는 읽는 법(ルビ)을 달았습니다.

❷ 각 과의 첫 장에 학습 목표, 학습 문형, 학습 포인트를 제시하고, 실제 언어생활에서 어떻게 적용하
고 응용할 수 있는지 「생활회화 → 문법 · 문형연습 → 응용연습(말하기, 쓰기, 읽기, 듣기)」 항목을
두어 반복 학습이 가능하도록 하였고, 단계별 향상을 꾀할 수 있도록 하였습니다.

❸ 어휘의 난이도는 STEP1은 일본어능력시험(JLPT) N4~N5를 기준으로, STEP2는 가능한 N4를 기준
으로 하였습니다. 그리고 각 과의 연습이 끝날 때마다 새로운 어휘를 어느 정도 익혔는지 스스로
체크할 수 있도록 [단어 체크] 란을 두었습니다.

❹ 일본어 초급 과정에서 익혀야 할 N4 수준의 한자와 가타카나 어휘를 선별해 쓰기 연습을 할 수 있도록 과마다 별도의 연습 페이지를 마련해 두었습니다.

❺ STEP 1에서는 일본의 언어와 생활문화에 초점을 맞춘 [일본문화 소개] 코너를 두어, 일본에 대한 흥미와 이해를 높이고 일본어 학습에 동기부여가 될 수 있도록 하였습니다.

❻ 시청각적 요소를 곳곳에 배치하여 학습자의 이해도와 몰입도를 높일 수 있도록 배려하였습니다.

❼ QR코드를 활용하여 학습자 스스로 원어민의 발음을 듣고 익힐 수 있도록 하였습니다.

❽ STEP 1에서는 부록으로 연습문제 정답을 첨부하여 자기 학습이 가능하도록 하였고, 〈펜맨십 노트〉로 히라가나와 가타카나 쓰기 연습을 할 수 있도록 구성하였습니다.

어느 분야든 마찬가지겠지만 일본어 학습에 있어서도 초급 단계의 기초 다지기가 무엇보다 중요합니다. 중급, 고급으로 레벨업을 할 수 있는 토대가 되기 때문입니다.

　〈똑똑! 일본어 STEP 1〉을 통해 일본어 입문을 했다면 일본인과 간단한 회화가 가능할 것입니다. 그것은 〈똑똑! 일본어 STEP 2〉로 한 단계 업그레이드할 수 있는 실력을 갖추었다는 뜻이기도 합니다. 두 과정을 통해 초급 단계를 똑똑하게 마무리 지었다면 이제 좀 더 자연스럽게 일본인과 일상 회화를 나누어 보세요.
　이 책이 일본어의 기초를 이해하는 데 도움이 되기를 바라며, 미비점에 대해서는 계속해서 수정 보완해 나갈 것을 약속드립니다.

2020. 3. 1
부산대학교 일본어교재연구회 일동

に ほん ち ず
日本地図
Map of Japan

北海道

北海道地方

青森

秋田　岩手

東北地方

山形　宮城

中部地方

福島

新潟

石川　富山

栃木

群馬　茨城

中国地方

福井　長野

埼玉

東京

鳥取　京都

岐阜

山梨

神奈川　千葉

関東地方

島根　岡山　兵庫　滋賀

広島

愛知

山口　香川　大阪　静岡

愛媛　徳島　奈良　三重

福岡　高知　和歌山

佐賀

大分

近畿地方

長崎

熊本

宮崎

四国地方

鹿児島

九州地方

沖縄地方

들어가기

각 과의 본문 주제를 제목을 통해 제시하고,
해당 과에서 다룰 학습 목표와 문형 포인트
를 간략하게 소개한다.

会話(회화)

각 과에서 학습할 내용이 집약되어 만들어진
회화 본문이다. 한글 해석을 따로 달지 않아 읽
기와 뜻 파악에 도전해보고, 문법 사항들을 학
습한 후에 다시 봄으로써 학습자 스스로 향상
된 실력을 점검해볼 수 있다.

文法·文型練習(문법·문형연습)

각 과에서 학습할 문법과 문형 표현을 자세히 다
룬다. 항목마다 제공되는 풍부한 예문과 연습문
제로 학습 이해도를 높였다.

応用練習(응용연습)

각 과에서 학습한 내용을 말하기, 쓰기, 읽기,
듣기 등 다양한 문제를 통해 종합적으로 학습
하여 본인 실력을 확인할 수 있도록 한다.

単語チェック(단어체크)

해당 과에서 새로 배운 어휘를 품사별이나 주제
별로 정리하여 한눈에 볼 수 있다. 본인이 어느
정도 익혔는지 스스로 체크해볼 수 있다.

練習(펜맨십)

각 과에 등장한 한자와 가타카나를
직접 써보면서 익힐 수 있다.

일본문화 소개

일본의 언어와 생활에 초점을 맞추어, 흥미로운
문화 관련 자료와 이미지를 제공한다. 일본 문화
를 배우고 이해하다 보면 일본어 능력 향상에도
큰 도움이 된다.

차례

머리말 ·· 03

이 책의 구성과 특징 ··· 06

第1課 문자와 발음 ··· 11

第2課 私は 大学生です。 ··· 27
わたし　だいがくせい

~は ~です ┃ ~の ~ ┃ ~は ~ですか ┃ ~は ~じゃ ありません

第3課 これは 何ですか。 ··· 39
なん

지시어 こ, そ, あ, ど ┃ ~で、~ ┃ ~の ┃ ~が ┃ 의문사

第4課 おにぎりは いくらですか。 ································ 51

기수와 서수 ┃ ~から ~まで ┃ 시간, 날짜 표현 ┃ 때에 관한 표현

第5課 とても 大きい デパートですね。 ······················ 65
おお

イ형용사 ┃ ~くて、~ ┃ ~く ないです・ありません ┃
~と ~と どちらが いいですか ┃ ~より ~の ほうが ~です

第6課 田中さんは 何が 好きですか。 ························· 79
た なか　　　　なに　す

ナ형용사 ┃ ~で、~ ┃ ~じゃ ないです・ありません ┃ ~が、

第7課 学校の 中に 郵便局が あります。 ····················· 91
がっこう　なか　　ゆうびんきょく

あります・います ┃ ありません・いません ┃ ~に ┃ 위치 표현 ┃ 조수사, 가족 호칭

第8課 何時（なんじ）に 起（お）きますか。 ………………………………… 105

～ます ｜ ～ません ｜ ～ました ｜ ～ませんでした ｜ 동사 + 명사 ｜ 시간 표현

第9課 雪祭（ゆきまつ）りに 行（い）きたいです。 ………………………………… 119

～たいです ｜ ～に 行きます ｜ ～ませんか・ましょう ｜ ～ながら

第10課 朝（あさ）ご飯（はん）は 食（た）べない 日（ひ）が 多（おお）いです。 ………………………………… 131

～ない 명사 ｜ ～ない ほうが いいです ｜ ～ないで ください ｜ ～から

第11課 今（いま）、何（なに）を して いますか。 ………………………………… 143

～て います ｜ ～て いません ｜ ～て ください

第12課 映画館（えいがかん）に 行（い）った ことが ありますか。 ………………………………… 155

～た ことが あります ｜ ～た ほうが いいです ｜ ～かったです・く ありませんでした
（く なかったです）｜ ～でした・じゃ ありませんでした（じゃ なかったです）

第13課 歌（うた）を 歌（うた）ったり、作（つく）った料理（りょうり）を 販売（はんばい）したりします。 …… 169

～たり、～たり します ｜ ～た 명사 ｜ ～と 思います ｜
～が できます ｜ ～ことが できます

〈부록〉

정답과 해설 ………………………………………………………… 182
동사 활용 정리 ………………………………………………………… 191

문자와 발음

학습목표

일본 문자 중 히라가나와 가타카나를 배우고 익힌다.

일본어의 문자

- 현대 일본어는 히라가나(ひらがな), 가타카나(カタカナ), 한자(漢字)를 함께 사용한다.
- 히라가나와 가타카나는 음절 문자로 한 글자가 한 박자를 가지고 있다.
- 한자는 일상생활에서 상용한자 2,136자를 기준으로 사용되고 있다.

㉮🎏 **히라가나**(ひらがな)

가장 기본적으로 사용되는 문자이다. 9세기 말에 한자를 변형시켜 평이하게 만든 문자이다.

㉯🎏 **가타카나**(カタカナ)

주로 외래어, 의성어, 의태어, 속어, 발음 등의 표기에 널리 사용된다. 한자의 일부를 생략해서 만들어진 문자이며, 발음은 히라가나와 같다.

🎏 **한자**(漢字)
_{かん じ}

일본어의 한자는 国, 学과 같이 약자(略字)로 표기한다. 읽는 방식으로는 음으로 읽는 음독(音読み)과 뜻으로 읽는 훈독(訓読み)이 있다.

1) 음독(音読み)

　　　韓国(かんこく) 한국　　　　　図書館(としょかん) 도서관
　　　運動場(うんどうじょう) 운동장

2) 훈독(訓読み)

　　　国(くに) 나라　　　　　　　山(やま) 산
　　　月(つき) 달　　　　　　　　川(かわ) 강

가나 오십음도

ひらがな 히라가나

	あ단	い단	う단	え단	お단
あ행	あ a	い i	う u	え e	お o
か행	か ka	き ki	く ku	け ke	こ ko
さ행	さ sa	し shi	す su	せ se	そ so
た행	た ta	ち chi	つ tsu	て te	と to
な행	な na	に ni	ぬ nu	ね ne	の no
は행	は ha	ひ hi	ふ fu	へ he	ほ ho
ま행	ま ma	み mi	む mu	め me	も mo
や행	や ya		ゆ yu		よ yo
ら행	ら ra	り ri	る ru	れ re	ろ ro
わ행	わ wa				を o
					ん n

カタカナ 가타카나

	ア단	イ단	ウ단	エ단	オ단
ア행	ア a	イ i	ウ u	エ e	オ o
カ행	カ ka	キ ki	ク ku	ケ ke	コ ko
サ행	サ sa	シ shi	ス su	セ se	ソ so
タ행	タ ta	チ chi	ツ tsu	テ te	ト to
ナ행	ナ na	ニ ni	ヌ nu	ネ ne	ノ no
ハ행	ハ ha	ヒ hi	フ fu	ヘ he	ホ ho
マ행	マ ma	ミ mi	ム mu	メ me	モ mo
ヤ행	ヤ ya		ユ yu		ヨ yo
ラ행	ラ ra	リ ri	ル ru	レ re	ロ ro
ワ행	ワ wa				ヲ o
					ン n

ひらがな

1 청음(清音)

あ행	あ a	い i	う u	え e	お o
	あ¬い 사랑	い¬え 집	う¬え 위	え¬ 그림	あ¬お 파랑
か행	か ka	き ki	く ku	け ke	こ ko
	か¬お 얼굴	か¬き 감	き¬く 국화	い¬け 연못	こ¬え 목소리
さ행	さ sa	し shi	す su	せ se	そ so
	さ¬け 술	し¬お 소금	す¬し 초밥	せ¬き 자리	う¬そ 거짓말
た행	た ta	ち chi	つ tsu	て te	と to
	た¬こ 문어	ち¬ち 아버지	つ¬くえ 책상	て¬ 손	と¬り 새
な행	な na	に ni	ぬ nu	ね ne	の no
	な¬つ 여름	に¬く¬ 고기	い¬ぬ¬ 개	ね¬こ 고양이	の¬う 뇌
は행	は ha	ひ hi	ふ fu	へ he	ほ ho
	は¬な¬ 꽃	ひ¬と¬つ 하나	ふ¬ね 배	へ¬そ 배꼽	ほ¬し 별

ま행	ま ma まえ 앞	み mi みみ 귀	む mu むし 벌레	め me あめ 비	も mo もも 복숭아
や행	や ya やま 산		ゆ yu ゆき 눈		よ yo よこ 옆
ら행	ら ra そら 하늘	り ri りす 다람쥐	る ru さる 원숭이	れ re れきし 역사	ろ ro ろく 육
わ행	わ wa わたし 저				を 。 〜を 〜을/를
					ん n ほん 책

2 탁음(濁音)

か행, さ행, た행, は행의 오른쪽 위에 탁점(˚)을 붙인 음을 말한다.

が행				
が ga が「いこく 외국	ぎ gi か「ぎ 열쇠	ぐ gu か「ぐ 가구	げ ge げ「た 나막신	ご go ご「ご 오후

ざ행				
ざ za ざ「せき 좌석	じ ji じ「かん 시간	ず zu み「ず 물	ぜ ze か「ぜ 바람	ぞ zo か「ぞく 가족

だ행				
だ da だ「いがく 대학	ぢ ji は「なぢ 코피	づ zu つ「づき 계속	で de で「んわ 전화	ど do ま「ど 창문

ば행				
ば ba ば「ら 장미	び bi え「び 새우	ぶ bu ぶ「た 돼지	べ be べ「んとう 도시락	ぼ bo ぼ「うし 모자

3 반탁음(半濁音)

자음 [p]를 포함한 음을 말하며, は행 오른쪽 위에 반탁점(˚)을 붙인다.

ぱ행	ぱ pa	ぴ pi	ぷ pu	ぺ pe	ぽ po
	か￢んぱい 건배	え￢んぴつ 연필	て￢んぷら 튀김	か￢んぺき 완벽	さ￢んぽ 산책

4 요음 (拗音)

や, ゆ, よ가 い단에 접속하여 1음절로 발음되는 음을 말한다. や, ゆ, よ를 작게 써서 ゃ, ゅ, ょ로 표기한다.

きゃ행	きゃ kya	きゅ kyu	きょ kyo	きゃ￢く 손님 や￢きゅう 야구 きょ￢う 오늘
ぎゃ행	ぎゃ gya	ぎゅ gyu	ぎょ gyo	ぎゅ￢うにく 소고기 ぎょ￢うざ 만두
しゃ행	しゃ sha	しゅ shu	しょ sho	か￢いしゃ 회사 しゅ￢み 취미 しょ￢くじ 식사
じゃ행	じゃ ja	じゅ ju	じょ jo	じ￢んじゃ 신사 じゅ￢う 십(10) じょ￢せい 여성
ちゃ행	ちゃ cha	ちゅ chu	ちょ cho	お￢ちゃ 차 ちゅ￢うい 주의 か￢ちょう 과장

にゃ행	にゃ nya	にゅ nyu	にょ nyo	こ「んにゃ「く 곤약 ぎゅ「うにゅう 우유
ひゃ행	ひゃ hya	ひゅ hyu	ひょ hyo	ひゃ「く「 백(100) ひょ「うか 평가
びゃ행	びゃ bya	びゅ byu	びょ byo	さ「んびゃく 삼백(300) びょ「ういん 병원
ぴゃ행	ぴゃ pya	ぴゅ pyu	ぴょ pyo	は「っぴゃく「 팔백(800) ぴょ「んぴょん 깡충깡충
みゃ행	みゃ mya	みゅ myu	みょ myo	みゃ「く「 맥 みょ「うじ 성(姓)
りゃ행	りゃ rya	りゅ ryu	りょ ryo	りゅ「うがく 유학 りょ「うり 요리

カタカナ

1 청음(清音)

ア행	**ア** a ア⌐イス 아이스	**イ** i イ⌐ギリス 영국	**ウ** u ソ⌐ウル 서울	**エ** e エ⌐アコン 에어컨	**オ** o オ⌐レンジ 오렌지
カ행	**カ** ka カ⌐メラ 카메라	**キ** ki キ⌐ー 열쇠	**ク** ku ク⌐ッキー 쿠키	**ケ** ke ケ⌐ーキ 케이크	**コ** ko コ⌐ップ 컵
サ행	**サ** sa サ⌐ッカー 축구	**シ** shi シ⌐ングル 싱글	**ス** su ス⌐ポーツ 스포츠	**セ** se セ⌐ット 세트	**ソ** so ソ⌐ース 소스
タ행	**タ** ta タ⌐オル 타올	**チ** chi チ⌐ーズ 치즈	**ツ** tsu ツ⌐アー 투어	**テ** te テ⌐レビ 텔레비전	**ト** to ト⌐イレ 화장실
ナ행	**ナ** na ナ⌐ンバー 넘버	**ニ** ni テ⌐ニス 테니스	**ヌ** nu ヌ⌐ードル 누들	**ネ** ne ネ⌐クタイ 넥타이	**ノ** no ノ⌐ート 노트
ハ행	**ハ** ha ハ⌐ート 하트	**ヒ** hi コ⌐ーヒー 커피	**フ** fu フ⌐ランス 프랑스	**ヘ** he ヘ⌐ア 헤어	**ホ** ho ホ⌐テル 호텔

マ행	マ ma マウス 마우스	ミ mi ミルク 밀크	ム mu ゲーム 게임	メ me メール 메일	モ mo メモ 메모
ヤ행	ヤ ya タイヤ 타이어		ユ yu ユネスコ 유네스코		ヨ yo ヨーグルト 요구르트
ラ행	ラ ra ラーメン 라면	リ ri リズム 리듬	ル ru ルーム 룸	レ re レモン 레몬	ロ ro ローズ 로즈
ワ행	ワ wa ワイン 와인				ヲ wo
					ン n ペン 펜

2 탁음(濁音)

ガ행	ガ ga ガ゚ス 가스	ギ gi ギ゚ター 기타	グ gu グ「ロ」ーバル 글로벌	ゲ ge ゲ゚ーム 게임	ゴ go ゴ゚ルフ 골프
ザ행	ザ za ピ゚ザ 피자	ジ ji ホ「ームペ」ージ 홈페이지	ズ zu サ゚イズ 사이즈	ゼ ze ゼ゚ロ 제로(0)	ゾ zo リ゚ゾ゚ート 리조트
ダ행	ダ da サ゚ラダ 샐러드	ヂ ji	ヅ zu	デ de デ「ザ」ート 디저트	ド do ド「ラ」イブ 드라이브
バ행	バ ba バ゚ナナ 바나나	ビ bi ビ゚ール 맥주	ブ bu ブ「ラ」ウス 블라우스	ベ be ベ゚ッド 침대	ボ bo ボ「ール 볼

3 반탁음(半濁音) はんだくおん

パ행	パ pa	ピ pi	プ pu	ペ pe	ポ po
	パ'スタ 파스타	ピ'アノ 피아노	ア'プリ 어플리케이션	ペ'ージ 페이지	ポ'スター 포스터

4 요음(拗音) ようおん

キャ행	キャ kya	キュ kyu	キョ kyo	キャ'ラメル 카라멜 キュ'ーピッド 큐피드
ギャ행	ギャ gya	ギュ gyu	ギョ gyo	ギャ'ラリー 갤러리
シャ행	シャ sha	シュ shu	ショ sho	シャ'ツ 셔츠 シュ'ーズ 슈즈 ショ'ップ 숍
ジャ행	ジャ ja	ジュ ju	ジョ jo	ジャ'ケット 자켓 ジュ'ース 주스 ジョ'ギング 조깅
チャ행	チャ cha	チュ chu	チョ cho	チャ'ンス 찬스 チュ'ーブ 튜브 チョ'コレ'ート 초콜릿

ニャ행	ニャ nya	ニュ nyu	ニョ nyo	ニュース 뉴스 ニューヨーク 뉴욕
ヒャ행	ヒャ hya	ヒュ hyu	ヒョ hyo	ヒューマン 휴먼
ビャ행	ビャ bya	ビュ byu	ビョ byo	ビューティー 뷰티
ピャ행	ピャ pya	ピュ pyu	ピョ pyo	コンピュータ 컴퓨터
ミャ행	ミャ mya	ミュ myu	ミョ myo	ミュージック 음악
リャ행	リャ rya	リュ ryu	リョ ryo	リュック 배낭

기타

1 촉음(促音)
そく おん

청음 つ를 작게 써서 っ로 표기한다. 뒤에 올 자음에 따라 4가지로 발음되며, っ도 한 박자의 길이를 가진다.

か행 앞 [k]	が「っか 학과 は「っき」り 확실히 ゆ「っく」り 천천히 せ「っけん 비누 が「っこう 학교 ク「リ」ニック 클리닉
さ행 앞 [s]	き「っさてん 찻집 ざ「っし 잡지 ま「っす」ぐ 똑바로 け「っせき 결석 し「っそ 검소 メ「ッセージ 메시지
た행 앞 [t]	ま「ったく」 전혀 こ「っち」 이쪽 や「っつ」 8개 き「って 우표 ちょ」っと 잠깐 ダ「イエット 다이어트
ぱ행 앞 [p]	い「っぱい 가득 い「っぴき」 한 마리 き「っぷ 표 い「っぽん 한 병 ショ」ッピング 쇼핑

2 발음(撥音)
はつ おん

ん으로 표기하며 단어의 중간이나 끝에서 콧소리로 내는 음을 말한다. ん도 한 박자의 길이를 가지며 뒤에 오는 글자에 따라 [m], [n], [ŋ], [N]로 발음된다.

ま행, ば행, ぱ행 앞 [m] 한국어의 ㅁ받침	さ「んま 꽁치 と「んぼ 잠자리 さ「んぽ 산책 シ「ンプル 심플
さ・ざ, た・だ, な, ら행 앞 [n] 한국어의 ㄴ받침	し「んさ 심사 か「んじ 한자 お「んち 음치 お「んど 온도 あ「んな」い 안내 け「んり 권리 コ「ンサート 콘서트 チャ「ンス 찬스
か・が행 앞 [ŋ] 한국어의 ㅇ받침	か「んこく 한국 さ「んがい 3층 シ「ングル 싱글
あ, は, や, わ행 음 앞이나 단어의 끝 [N] 한국어의 ㄴ받침과 ㅇ받침의 중간음	れ「んあい 연애 に「ほ」ん 일본 ほ「んや 책방 で「んわ 전화 か「ばん 가방

3 장음(長音)

모음이 연속되면 장음이 되는 경우가 있으며, 장음과 단음에 따라 의미가 달라진다. 가타카나는 장음을 '―'로 표기한다.

1) あ장음 : あ단 뒤에 あ가 올 때

    お「ば「あさん 할머니   サッカー 축구   ス「ター 스타

2) い장음 : い단 뒤에 い가 올 때

    お「じ「いさん 할아버지   キー 열쇠   ツ「リー 트리

3) う장음 : う단 뒤에 う가 올 때

    ゆ「うき 용기

4) え장음 : え단 뒤에 い나 え가 올 때

    と「けい 시계   お「ね「えさん 누나, 언니   ケーキ 케이크

5) お장음 : お단 뒤에 う나 お가 올 때

    お「と「うさん 아버지   お「おい 많다   ノート 노트

4 오십음도 외의 외래어 표기

ウェ「ブサ「イト 웹사이트   ウォ「ン 원(화폐단위)   チェ「ック 체크   ファ「ン 팬

パーティー 파티   ディ「ズニーラ「ンド 디즈니랜드   フォ「ーク 포크

일본어 기본 인사말 (あいさつ)

1	お「はようございま「す	안녕하세요 ※아침
2	こ「んにちは	안녕하세요 ※낮
3	こ「んばんは	안녕하세요 ※밤
4	さ「ようなら	안녕히 가세요 / 안녕히 계세요
5	ま「た あした	내일 또 뵙겠습니다
6	ご「めんなさ「い	미안합니다
7	す「みませ「ん	죄송합니다
8	失礼します(し「つれいします)	실례합니다
9	あ「り「がとうございます	감사합니다

第
02
課

わたし　　だいがくせい
私は 大学生です。

학습목표

처음 만났을 때 인사 및 자기소개를 할 수 있다.

학습문형

① 私は キム・ヨナです。 저는 김연아입니다.
② 釜山大学の 学生です。 부산대학교 학생입니다.
③ 田中さんは 2年生ですか。 다나카씨는 2학년입니까?
④ 田中さんは 2年生じゃ ありません。 다나카씨는 2학년이 아닙니다.

학습포인트

① 명사는 명사です ～은/는 ～입니다

② 명사の 명사 ～의 ～

③ 명사는 명사ですか ～은/는 ～입니까

④ 명사는 명사じゃ ありません ～은/는 ～아닙니다

부산대학교 학생인 김연아와 교환 유학생으로 오게 된 다나카가 처음 만나
자기소개를 하고 있다.

⊙ Track 02-01

キム　あの、日本の　方ですか。

田中　はい、そうです。

キム　こんにちは。私は　キム・ヨナです。
　　　釜山大学の　2年生です。

田中　はじめまして。田中一郎です。

キム　田中さんも　2年生ですか。

田中　いいえ、2年生じゃ　ありません。4年生です。

キム　そうですか。よろしく　お願いします。

田中　こちらこそ　よろしく　お願いします。

🌱 **새로운 단어**

あ「の」저　**日本(に「ほ」ん)** 일본　方(か「た」) 분　は「い」네　そ「う」です 그렇습니다/그래요　こ「んにちは 안녕하세요(낮

인사)　私(わ「たし) 나, 저　**釜山大学(ぷ「さんだ」いがく)** 부산대학교　～年生(ね「んせい) ～학년

は「じめま」して 처음 뵙겠습니다　～さん ～씨　～も ～도　い「いえ 아니요　そ「うですか 그렇습니까?/그래요?

よ「ろしく　お願(ねが)いしま」す 잘 부탁합니다　こ「ちらこ」そ 이쪽이야말로, 저야말로

文法·文型練習

文法·文型練習

문법·문형연습

1 명사는 명사です ～은/는 ～입니다

조사「～は」는 '～은/는'의 의미를 나타내며 명사 뒤에 접속한다. 조사「～は」의 발음은 'wa'이다.

▶예문

> 久保さんは 学生です。
> みきさんは 日本人です。

▶연습문제

> 보기 本田さん・先生 → 本田さんは 先生です。

① ワンさん・中国人 → _____。

② スミスさん・留学生 → _____。

③ 私・高校生 → _____。

🌱 **새로운 단어**

学生(がくせい) 학생 ～人(じん) ～인 先生(せんせい) 선생님 中国(ちゅうごく) 중국

留学生(りゅうがくせい) 유학생 高校生(こうこうせい) 고등학생

第2課 私は 大学生です。 29

2 명사의 명사 ~의 ~

조사 「の」는 명사 사이에 위치하여 수식 관계를 나타낼 수 있다.

▶예문

私は 大阪大学の 学生です。
僕も 商学部の 1年生です。
李さんは 中国の 方です。

▶연습문제

| 보기 | 私・名前・キム・ジフ → <u>私の 名前は キム・ジフです。</u> |

① 本田さん・趣味・ゲーム → _____。

② 私・専攻・日本語 → _____。

③ パクさん・私・友だち → _____。

~年生 ~학년

1年生	2年生	3年生	4年生
1학년	2학년	3학년	4학년

🌱 **새로운 단어** ··

僕(ぼ￢く) 나, 저(격식 없는 장면에서 남성이 씀) **商学部(しょ￢うがく￢ぶ)** 상학대학 **名前(な￢まえ)** 이름

趣味(しゅ￢み) 취미 **ゲーム** 게임 **専攻(せ￢んこう)** 전공 **日本語(に￢ほんご)** 일본어 **友だち(と￢もだち)** 친구

30

③ 명사는 명사ですか ～은/는 ～입니까

한국어의 '～입니까'에 대응하는 표현으로 「～ですか」를 사용할 수 있다.

▶예문

> 趣味は ゲームですか。
> 出身は 釜山ですか。
> 専攻は 日本語ですか。

▶연습문제

> 보기   イさん・医者 → イさんは 医者ですか。

① 先生・イギリス人 → _____。

② 佐藤さん・俳優 → _____。

③ アンさん・中学生 → _____。

🌱 **새로운 단어** ....

出身(しゅ「っしん) 출신 **医者**(い「しゃ) 의사 **イ「ギリス** 영국 **俳優**(は「いゆう) 배우

中学生(ちゅ「うが「くせい) 중학생

4 명사는 명사じゃ ありません ～은/는 ～이/가 아닙니다

「～じゃ ありません」은 「～です」의 부정형이다.
※ じゃ는 では의 축약형으로 많이 쓰인다.

> 예 弟_{おとうと}は 学生では/じゃ ありません。 남동생은 학생이 아닙니다.

▶예문

> 弟_{かいしゃいん}は 会社員じゃ ありません。
> 私_{わたし}は 韓国人_{かんこくじん}じゃ ありません。
> 専攻_{せんこう}は 中国語_{ちゅうごくご}じゃ ありません。

▶연습문제

> 보기 妹_{いもうと}・大学生_{だいがくせい} → 妹は 大学生じゃ ありません。

① 佐藤_{さとう}さん・公務員_{こうむいん} → _____。

② 私_{わたし}・大学院生_{だいがくいんせい} → _____。

③ 母_{はは}・主婦_{しゅふ} → _____。

🌱 새로운 단어 ……………………………………………………………………………………………

弟(お「とうと¬) 남동생　会社員(か「いしゃ¬いん) 회사원　韓国(か「んこく) 한국　中国語(ちゅ「うごくご) 중국어

妹(い「もうと¬) 여동생　大学生(だ「いが¬くせい) 대학생　公務員(こ「うむ¬いん) 공무원

大学院生(だ「いがくい¬んせい) 대학원생　母(は¬は) 어머니　主婦(しゅ¬ふ) 주부

1 다음 그림을 보고 회화문을 만드세요.　 Track 02-02

보기

木村
会社員(X)
学生(○)

A <u>木村</u>さんは <u>会社員</u>ですか。

B いいえ、<u>会社員</u>じゃ ありません。<u>学生</u>です。

---

①

田中
芸人(X)
歌手(○)

A _____。

B _____。

②

佐藤
野球選手(X)
サッカー選手(○)

A _____。

B _____。

③

鈴木
会社員(X)
フリーター(○)

A _____。

B _____。

④

マリア
アメリカ人(X)
イタリア人(○)

A _____。

B _____。

🌱 **새로운 단어** ……………………………………………………………………………………………………

芸人(げ￣いにん) 개그맨 **歌手(か￣しゅ)** 가수 **野球(や￣きゅう)** 야구 **選手(せ￣んしゅ)** 선수 **サ￣ッカー** 축구

フ￣リーター 프리터(아르바이트 등으로 생계를 이어가는 사람) **ア￣メリカ** 미국 **イ￣タリア** 이탈리아

2 학습 내용을 활용하여 자유롭게 문장을 만드세요.

はじめまして。私は ＿＿＿＿＿＿＿＿＿＿＿＿です。

＿＿＿＿＿＿＿＿＿＿＿＿です。

よろしく お願いします。

3 주어진 단락을 읽어 보세요.

はじめまして。パク・ナレです。釜山大学の 学生です。工学部の 2年生です。
趣味は 料理です。よろしく お願いします。

4 다음 한국어를 일본어로 고치세요.

① 다나카 씨도 2학년입니까?　＿＿＿＿＿＿＿＿＿＿＿＿＿＿＿＿。

② 선생님은 영국사람이 아닙니다.　＿＿＿＿＿＿＿＿＿＿＿＿＿＿＿。

③ 김 씨는 축구선수입니다.　＿＿＿＿＿＿＿＿＿＿＿＿。

④ 저의 취미는 게임입니다.　＿＿＿＿＿＿＿＿＿＿＿＿。

⑤ 저야말로 잘 부탁 드리겠습니다.　＿＿＿＿＿＿＿＿＿＿＿＿＿＿。

🌱 **새로운 단어** ....

工学部(こ￣うがく￣ぶ) 공과대학　料理(りょ￣うり) 요리

5 대화를 듣고 해당하는 내용을 고르세요.   ⊙ Track 02-03

① <ruby>太田<rt>おおた</rt></ruby>さんは ＿＿＿＿＿ です.

<ruby>学生<rt>がくせい</rt></ruby> / <ruby>会社員<rt>かいしゃいん</rt></ruby>
（　　）（　　）

② <ruby>先生<rt>せんせい</rt></ruby>は ＿＿＿＿＿ です.

アメリカ<ruby>人<rt>じん</rt></ruby> / イギリス人
（　　）　　（　　）

③ <ruby>佐藤<rt>さとう</rt></ruby>さんは ＿＿＿＿＿ です.

サッカー<ruby>選手<rt>せんしゅ</rt></ruby> / <ruby>野球<rt>やきゅう</rt></ruby>選手
（　　）　　（　　）

④ <ruby>木村<rt>きむら</rt></ruby>さんは ＿＿＿＿＿ です.

<ruby>歌手<rt>かしゅ</rt></ruby> / <ruby>俳優<rt>はいゆう</rt></ruby>
（　　）（　　）

6 대화를 듣고 빈칸을 채우세요.   ⊙ Track 02-01

キム	あの、＿＿＿＿＿＿＿＿＿＿ですか。
田中	はい、そうです。
キム	こんにちは。私は キム・ヨナです。
	釜山大学の＿＿＿＿＿＿＿＿＿です。
田中	はじめまして。田中一郎です。
キム	田中さんも 2年生ですか。
田中	いいえ、2年生＿＿＿＿＿＿＿＿。
	4年生です。
キム	そうですか。よろしく＿＿＿＿＿＿＿。
田中	こちらこそ よろしく＿＿＿＿＿＿＿。

명사

인칭대명사
- [ ] わたし(私)
- [ ] ぼく(僕)

나라
- [ ] かんこく(韓国)
- [ ] にほん(日本)
- [ ] ちゅうごく(中国)
- [ ] アメリカ
- [ ] イギリス
- [ ] イタリア

학생
- [ ] がくせい(学生)
- [ ] ちゅうがくせい(中学生)
- [ ] こうこうせい(高校生)
- [ ] だいがくせい(大学生)
- [ ] だいがくいんせい(大学院生)
- [ ] りゅうがくせい(留学生)

가족
- [ ] おとうと(弟)
- [ ] いもうと(妹)
- [ ] はは(母)

직업
- [ ] せんせい(先生)
- [ ] いしゃ(医者)
- [ ] はいゆう(俳優)
- [ ] かいしゃいん(会社員)
- [ ] しゅふ(主婦)
- [ ] かしゅ(歌手)
- [ ] サッカーせんしゅ(選手)

기타
- [ ] かた(方)
- [ ] プサンだいがく(釜山大学)
- [ ] だいがく(大学)
- [ ] ～ねんせい(年生)
- [ ] ～さん
- [ ] ～じん(～人)
- [ ] しょうがくぶ(商学部)
- [ ] ちゅうごくご(中国語)
- [ ] ともだち(友だち)
- [ ] なまえ(名前)
- [ ] しゅみ(趣味)
- [ ] ゲーム
- [ ] せんこう(専攻)
- [ ] にほんご(日本語)
- [ ] しゅっしん(出身)
- [ ] こうがくぶ(工学部)
- [ ] りょうり(料理)

기타
- [ ] あの
- [ ] はい
- [ ] そうです
- [ ] こんにちは
- [ ] はじめまして
- [ ] ～も
- [ ] いいえ
- [ ] そうですか
- [ ] こちらこそ
- [ ] よろしく おねがいします

漢字練習 🖊

学	学	学			
がく　学生					
韓	韓	韓			
かん　韓国					
国	国	国			
こく　韓国					
歌	歌	歌			
か　歌手					
球	球	球			
きゅう　野球					
料	料	料			
りょう　料理					

カタカナ練習 🖊

タイトル	タイトル	
サッカー	サッカー	
アメリカ	アメリカ	

일본 대학교

　일본에서는 대학교를 「大学^{だいがく}」라고 하며, 2년제 대학의 경우에는 「短期大学^{たんき}」라고 한다.

東京大学^{とうきょう} 도쿄대학교　　　京都大学^{きょうと} 교토대학교

단과대학은 「学部^{がくぶ}」라고 하며, 크게 「文系^{ぶんけい}」와 「理系^{りけい}」로 나누어볼 수 있다.

文系
文学部^{ぶんがくぶ} 문과대학　　経営学部^{けいえいがくぶ} 경영대학　　商学部^{しょうがくぶ} 상학대학
法学部^{ほうがくぶ} 법과대학　　社会学部^{しゃかいがくぶ} 사회과학대학　　教育学部^{きょういくがくぶ} 사범대학

理系
工学部^{こうがくぶ} 공과대학　　理学部^{りがくぶ} 자연과학대학　　農学部^{のうがくぶ} 농과대학
医学部^{いがくぶ} 의과대학　　薬学部^{やくがくぶ} 약학대학　　看護学部^{かんごがくぶ} 간호대학

도쿄대학교

교토대학교

これは 何<ruby>なん</ruby>ですか。

학습목표

사물과 장소에 관한 표현을 이해하고 사용할 수 있다.

학습문형

1. これは 何<ruby>なん</ruby>ですか。 이것은 무엇입니까?
2. これは 歴史<ruby>れきし</ruby>の 本<ruby>ほん</ruby>で、それは パソコンの 雑誌<ruby>ざっし</ruby>です。 이것은 역사책이고, 그것은 컴퓨터 잡지입니다.
3. この 本は キムさんのですか。 이 책은 김 씨의 것입니까?
4. それが 私の 本です。 그것이 제 책입니다.
5. トイレは どこですか。 화장실은 어디입니까?

학습포인트

1. こ/そ/あ/ど 사물과 장소를 나타내는 지시어
2. 명사で、〜 〜이고, 〜
3. 명사の 〜의 것
4. 명사が 〜이/가
5. 何/どれ/どこ/ど 의문사

Track 03-01

김연아가 다나카와 도서관에서 함께 공부하고 있다.

田中　これは 何^{なん}ですか。

キム　これは 歴史^{れきし}の 本^{ほん}で、それは パソコンの 雑誌^{ざっし}です。

田中　この 本は キムさんのですか。

キム　いいえ。私^{わたし}のじゃ ありません。図書館^{としょかん}の 本です。

　　　それが 私の 本です。

田中　そうですか。あの、ところで、トイレは どこですか。

キム　あそこです。

田中　あ、ありがとうございます。

🌱 새로운 단어 ....

こ「れ 이것　何(な「ん) 무엇　歴史(れ「きし) 역사　本(ほ「ん) 책　そ「れ 그것　パ「ソコン 컴퓨터　雑誌(ざ「っし) 잡지

図書館(と「しょ「かん) 도서관　と「ころで 그런데　ト「イレ 화장실　ど「こ 어디　あ「そこ 저기, 저쪽

あ「り「がとうご「ざいま「す 감사합니다

40

文法·文型練習

1 사물과 장소를 나타내는 지시어 こ/そ/あ/ど

사물, 장소, 방향 등을 나타내는 근칭, 중칭, 원칭, 부정칭 지시어

	こ〈근칭〉	そ〈중칭〉	あ〈원칭〉	ど〈부정칭〉
사물	これ(이것)	それ(그것)	あれ(저것)	どれ(어느 것)
장소	ここ(여기)	そこ(거기)	あそこ(저기)	どこ(어디)
방향	こちら(이쪽)	そちら(그쪽)	あちら(저쪽)	どちら(어느 쪽)
연체사	この(이)	その(그)	あの(저)	どの(어느)

2 명사로, ~ ~이고, ~

명사의 연결형

▶예문

> 私は 韓国人で、友だちは 日本人です。
> ここは 本屋で、あそこは 食堂です。
> これは 料理の雑誌で、あれは 日本語の 本です。

▶연습문제

> 보기 キムさん・女性・警察官 → キムさんは 女性で、警察官です。

① 田中さん・男性・英語の 先生 → _____。

② それ・えんぴつ・あれ・ノート → _____。

③ ここ・人文館・あそこ・学食 → _____。

🌱 **새로운 단어**

本屋(ほ「んや) 서점 **食堂(しょ「くどう)** 식당 **女性(じょ「せい)** 여성 **警察官(け「いさつ「かん)** 경찰관

男性(だ「んせい) 남성 **英語(え「いご)** 영어 **え「んぴつ** 연필 **ノート** 노트 **人文館(じ「んぶんか「ん)** 인문대학

学食(が「くしょ「く) 학생식당(学生食堂(が「くせいしょ「くどう)의 줄임말)

3 명사의 ~의 것

소유를 나타내는 「~の」 뒤의 명사가 무엇을 가리키는지 분명하면 생략할 수 있다.

예 この 本は キムさんの 本です。 → この 本は キムさんのです。

▶예문

> この めがねは だれのですか。
>
> その スマホは 私のじゃ ありません。
>
> あの かばんは 私ので、その 辞書は 弟のです。

▶연습문제

보기 　かさ・先生　→　かさは 先生のです。

① その・ボールペン・私

　→ _____ 。

② あの・時計・木村さん

　→ _____ 。

③ この・新聞・ジョンさん

　→ _____ 。

🌱 새로운 단어 ....

め⌐がね 안경　ス⌐マホ 스마트폰(스마트폰의 줄임말)　か⌐ばん 가방　辞書(じ⌐しょ) 사전　か⌐さ 우산

ボ⌐ールペン 볼펜　時計(と⌐けい) 시계　新聞(し⌐んぶん) 신문　誰(だ⌐れ) 누구

4 ~が ~이/가

보통 「명사＋が」로 쓰이며, 주격 조사에 해당한다.

▶예문

私が 田中です。

あれが キムさんの 本ですか。

ここが 私の 家_{いえ}です。

▶연습문제

보기 私・日本人 → 私が 日本人です。

① この 方_{かた}・太田_{おお た}さん

→ ＿＿＿＿＿＿＿＿＿＿＿＿＿＿＿＿＿＿＿。

② どれ・田中さんの・けしゴム

→ ＿＿＿＿＿＿＿＿＿＿＿＿＿＿＿＿＿＿＿。

③ あそこ・郵便局_{ゆうびんきょく}

→ ＿＿＿＿＿＿＿＿＿＿＿＿＿＿＿＿＿＿＿。

🌱 새로운 단어 ⋯⋯

家(い「え「) 집 け「しゴム 지우개 郵便局(ゆ「うび「んきょく) 우체국

5 의문사 何/どれ/どこ/どの

何(무엇), どれ(어느 것), どこ(어디), どの(어느)
何는「なん」또는「なに」으로 읽힌다.

▶예문

これは 何ですか。
先生の くつは どれですか。
イさんの 部屋は どこですか。

▶연습문제

보기　キムさん・くつ下　→　<u>キムさんの くつ下は どれですか。</u>

① この・プレゼント　→　_____。

② イさん・学校　　　→　_____。

③ 太田さん・ぼうし　→　_____。

🌱 **새로운 단어** ··

く「つ」신발, 구두　部屋(へ「や」) 방　くつ下(く「つ」した) 양말　プ「レ」ゼント 선물　学校(が「っこう) 학교　ぼ「うし 모자

44

応用練習 응용연습

1 다음 그림을 보고 보기와 같이 회화문을 만드세요.

Track 03-02

보기 1)

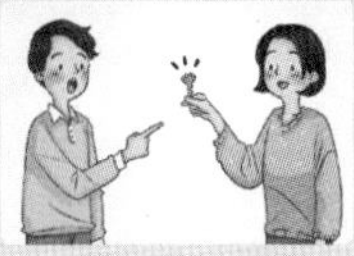

教室の かぎ

A それは 何ですか。

B これは 教室(きょうしつ)の かぎです。

①

テレビの はこ

A ______________________________。

B ______________________________。

②

病院(びょういん)

A ______________________________。

B ______________________________。

보기 2)

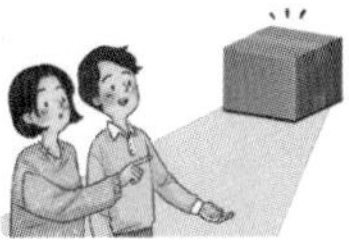

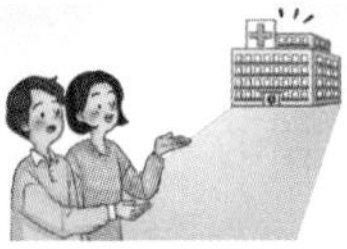

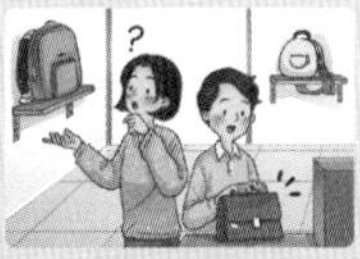

イさんの かばん

A イさんの かばんは どれですか。

B 私の かばんは これです。

③

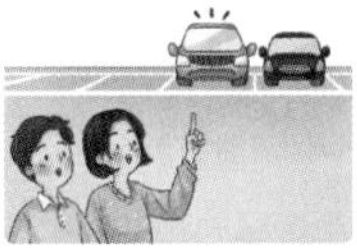

先生の 車(くるま)

A ______________________________。

B ______________________________。

④

2年生(にねんせい)の 教室

A ______________________________。

B ______________________________。

새로운 단어

教室(きょ⌈うしつ) 교실 **か⌈ぎ⌉** 열쇠, 키 **テ⌉レビ** 텔레비전 **は⌈こ** 상자, 박스 **病院(びょ⌈ういん)** 병원

車(く⌈るま) 자동차

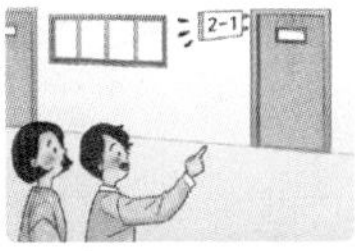

2 학습 내용을 활용하여 자유롭게 문장을 만드세요.

    A：これは 何ですか。

    B：これは ＿＿＿＿＿＿＿＿＿＿ の 本で、

        それは ＿＿＿＿＿＿＿＿＿＿ の 雑誌です。

    A：この 本は キムさんのですか。

    B：いいえ、＿＿＿＿＿＿＿＿＿＿＿＿＿＿＿＿＿＿＿＿。

    ＿＿＿＿＿＿＿＿＿＿＿＿＿＿ の 本です。

3 주어진 단락을 읽어 보세요.

    これは 田中さんの プレゼントです。日本の ゲームの 雑誌です。田中さんの 趣味は ゲームです。その くつ下は キムさんの プレゼントで、田中さんのじゃ ありません。

4 다음 한국어를 일본어로 고치세요.

① 이것은 잡지입니까?　＿＿＿＿＿＿＿＿＿＿＿＿＿＿＿＿＿＿＿＿＿。

② 화장실은 어디입니까?　＿＿＿＿＿＿＿＿＿＿＿＿＿＿＿＿＿＿＿。

③ 그 책은 제 것이 아닙니다.　＿＿＿＿＿＿＿＿＿＿＿＿＿＿＿＿＿＿＿。

④ 감사합니다.　＿＿＿＿＿＿＿＿＿＿＿＿＿＿＿＿＿。

⑤ 저는 학생이고, 제 친구는 회사원입니다.

    ＿＿＿＿＿＿＿＿＿＿＿＿＿＿＿＿＿＿＿＿＿＿＿＿＿。

5 대화를 듣고 해당하는 그림을 고르세요.

Track 03-03

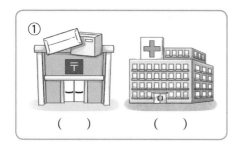

① ( ) ( )

② ( ) ( )

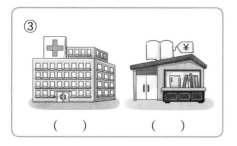

③ ( ) ( )

④

1年生　　2年生

( ) ( )

6 대화를 듣고 빈칸을 채우세요.

Track 03-01

田中　これは_____ですか。

キム　これは 歴史の 本_____、

　　　それは パソコンの_____ です。

田中　この 本は _____ですか。

キム　いいえ、私_____ありません。図書館の 本です。

田中　そうですか。あの、ところで、_____は どこですか。

キム　あそこです。

田中　あ、ありがとうございます。

名詞

지시어
- [ ] これ
- [ ] それ
- [ ] あれ
- [ ] ここ
- [ ] そこ
- [ ] あそこ
- [ ] こちら
- [ ] そちら
- [ ] あちら

의문사
- [ ] なん/なに(何)
- [ ] どれ
- [ ] どこ
- [ ] どちら
- [ ] どの

장소
- [ ] トイレ
- [ ] としょかん(図書館)
- [ ] ほんや(本屋)
- [ ] しょくどう(食堂)
- [ ] じんぶんかん(人文館)
- [ ] がくしょく(学食)
- [ ] いえ(家)
- [ ] ゆうびんきょく(郵便局)
- [ ] がっこう(学校)
- [ ] びょういん(病院)
- [ ] きょうしつ(教室)

사물
- [ ] ほん(本)

- [ ] パソコン
- [ ] ざっし(雑誌)
- [ ] えんぴつ
- [ ] ノート
- [ ] めがね
- [ ] スマホ(スマートフォン)
- [ ] かばん
- [ ] じしょ(辞書)
- [ ] かさ
- [ ] ボールペン
- [ ] とけい(時計)
- [ ] しんぶん(新聞)
- [ ] けしゴム
- [ ] くつ(靴)
- [ ] へや(部屋)
- [ ] くつした(くつ下)
- [ ] プレゼント
- [ ] ぼうし
- [ ] かぎ
- [ ] はこ
- [ ] テレビ
- [ ] くるま(車)

기타
- [ ] れきし(歴史)
- [ ] ところで
- [ ] ありがとうございます
- [ ] じょせい(女性)
- [ ] けいさつかん(警察官)
- [ ] だんせい(男性)
- [ ] えいご(英語)

漢字練習 ✏

何	何	何			
なに/なん ｜ 何					
歴	歴	歴			
れき ｜ 歴史					
家	家	家			
いえ ｜ 家					
教	教	教			
きょう ｜ 教室					
書	書	書			
しょ ｜ 辞書					
文	文	文			
ぶん ｜ 人文					

カタカナ練習 ✏

ノート	ノート	
トイレ	トイレ	
テレビ	テレビ	

일본문화 소개

일본의 행정구역

일본은 北海道, 本州, 四国, 九州 4개의 큰 섬과 沖縄 등 3,400여 개의 작은 섬으로 이루어져 있다.

행정구역은 크게 1개 都, 1개 道, 2개 府, 43개 県으로 나뉘어 있다.

광역자치단체인 都, 道, 府, 県을 묶어 都道府県이라 한다.

　1都 : 東京都

　1道 : 北海道

　2府 : 京都府, 大阪府

　43県

기초적인 지방공공단체는 市, 町, 村으로 이루어져 있으며, 이를 묶어 市町村이라 부른다.

東京都에는 市町村에 해당하는 23개의 특별구(区)가 있다. (東京 23区)

日本地図
Map of Japan

おにぎりは いくらですか。

학습목표

① 가게에서 간단한 쇼핑을 할 수 있다.

② 시간과 날짜를 표현할 수 있다.

학습문형

① ふたつで 1,200ウォンです。 두 개에 1,200원입니다.

② 午前8時から 午後4時までです。 오전 8시부터 오후 4시까지입니다.

③ 9時半です。 9시 반입니다.

학습포인트

① 기수와 서수

② ～から ～まで ～부터(에서) ～까지

③ 시간, 날짜 표현

④ 때에 관한 표현

다나카는 김연아가 아르바이트 하는 편의점에 주먹밥을 사러 왔다.

 Track 04-01

田中 おにぎりは いくらですか。

キム ふたつで 1,200ウォンです。

田中 じゃ、ツナマヨを よっつ ください。

キム 全部（ぜんぶ）で 2,400ウォンです。

田中 じゃ、10,000ウォンで。

キム 7,600ウォンの お返（かえ）しです。ありがとうございました。

田中 アルバイトは 何時（なんじ）から 何時までですか。

キム 今日（きょう）は 午前（ごぜん）8時（じ）から 午後（ごご）4時半（じはん）までです。

田中 そうですか。じゃ、また！

🌱 **새로운 단어** ··

お「に﹁ぎり 주먹밥, 삼각김밥 い﹁くら 얼마 ～で ～해서, ～으로/로 ウォ﹁ン 원 じゃ 그럼(では의 축약형)

ツ﹁ナマヨ 참치마요네즈(ツナマヨネーズ의 줄임말) ～を ～을/를 く「だ﹁さ﹁い 주세요

全部で(ぜ﹁んぶで) 전부 해서, 모두 お返し(お「か﹁えし) 거스름돈(おつり)의 경어 あ﹁り﹁がとうございました 감사합니다

ア﹁ルバイト 아르바이트(=バイト) 何時(な﹁んじ) 몇 시 今日(きょう) 오늘 午前(ご﹁ぜん) 오전 午後(ご﹁ご) 오후

半(は﹁ん) 반 じゃ、ま﹁た 그럼 또(만납시다)

文法・文型練習

1 기수와 서수

숫자 (기수)	一	二	三	四	五	六	七	八	九	十
	いち	に	さん	し/よん	ご	ろく	しち/なな	はち	きゅう/く	じゅう
물건 ～つ (서수)	一つ	二つ	三つ	四つ	五つ	六つ	七つ	八つ	九つ	十
	ひとつ	ふたつ	みっつ	よっつ	いつつ	むっつ	ななつ	やっつ	ここのつ	とお

▶예문

> プ サンだいがくえき　　　いちごうせん
> 釜山大学駅は 1号線です。
>
> A: はこは いくつですか。　　　　　B: 1つです。

▶연습문제

보기　おにぎり・4　→　おにぎりを よっつ ください。

① ぼうし・2　→　_____。

② けしゴム・3　→　_____。

③ コーラ・5　→　_____。

2 숫자 확장

100	ひゃく	200	にひゃく	300	さんびゃく	400	よんひゃく	500	ごひゃく
600	ろっぴゃく	700	ななひゃく	800	はっぴゃく	900	きゅうひゃく	1000	せん

1000	せん	2000	にせん	3000	さんぜん	4000	よんせん	5000	ごせん
6000	ろくせん	7000	ななせん	8000	はっせん	9000	きゅうせん	10000	いちまん

🌱 새로운 단어 ....

駅(えき) 역　～号線(ごうせん) ～호선　いくつ 몇 개, 몇 살　コーラ 콜라

おにぎりは 1つ 1,200ウォンです。

A: くつは いくらですか。　　　　　B: 10,000ウォンです。

▶연습문제

보기　1,250円　→　せん にひゃく ごじゅう 円

① 23円　→　_____

② 346ドル　→　_____

③ 20,000ウォン　→　_____

3 〜から〜まで 〜부터(에서) 〜까지

장소나 시간에 사용한다.

▶예문

ここから そこまでです。

1から 10までです。

▶연습문제

보기　釜山・ソウル　→　釜山から ソウルまでです。

① 韓国・日本　→　_____。

② 11・100　→　_____。

🌱 새로운 단어 ···

円(えん) 엔(일본 화폐 단위)　ドル 달러　ソウル 서울

4 ～時 ～分 ～시 ～분

1時	2時	3時	4時	5時	6時	7時
いちじ	にじ	さんじ	よじ	ごじ	ろくじ	しちじ
8時	9時	10時	11時	12時	何時	何分
はちじ	くじ	じゅうじ	じゅういちじ	じゅうにじ	なんじ	なんぷん

1分	2分	3分	4分	5分	6分	7分
いっぷん	にふん	さんぷん	よんぷん	ごふん	ろっぷん	ななふん
8分	9分	10分	20分	30分	40分	50分
はっぷん	きゅうふん	じゅっぷん	にじゅっぷん	さんじゅっぷん ＊ 半(はん)	よんじゅっぷん	ごじゅっぷん

▶예문

> バイトは 午前7時から 午後2時までです。
> 授業(じゅぎょう)は 1時から 2時15分までです。

▶연습문제

> 보기　本屋(ほんや)・AM9:00～PM9:00　→　本屋は 午前9時から 午後9時までです。

① 病院(びょういん)・AM10:00～PM7:00

　　→ _____。

② 図書館(としょかん)・AM8:00～PM11:30

　　→ _____。

③ あの コンビニ・AM6:00～PM12:00

　　→ _____。

🌱 새로운 단어 ....

授業(じゅ￢ぎょう) 수업　コ￢ンビニ 편의점

5 ～月 ～日 ～曜日 ～월 ～일 ～요일

1月	2月	3月	4月	5月	6月	7月
いちがつ	にがつ	さんがつ	しがつ	ごがつ	ろくがつ	しちがつ
8月	9月	10月	11月	12月		何月
はちがつ	くがつ	じゅうがつ	じゅういちがつ	じゅうにがつ		なんがつ

1日	2日	3日	4日	5日	6日	7日
ついたち	ふつか	みっか	よっか	いつか	むいか	なのか
8日	9日	10日	11日	12日	13日	14日
ようか	ここのか	とおか	じゅういち にち	じゅうに にち	じゅうさん にち	じゅう よっか
15日	16日	17日	18日	19日	20日	21日
じゅうご にち	じゅうろく にち	じゅうしち にち	じゅうはち にち	じゅうく にち	はつか	にじゅう いちにち
22日	23日	24日	25日	26日	27日	28日
にじゅう ににち	にじゅう さんにち	にじゅう よっか	にじゅう ごにち	にじゅう ろくにち	にじゅう しちにち	にじゅう はちにち
29日	30日	31日				何日
にじゅう くにち	さんじゅう にち	さんじゅう いちにち				なんにち

日曜日	月曜日	火曜日	水曜日	木曜日	金曜日	土曜日	何曜日
にちようび	げつようび	かようび	すいようび	もくようび	きんようび	どようび	なんようび

56

▶예문

A: 誕生日は いつですか。
B: 8月 13日です。

▶연습문제

보기   野球・2/20(水) →   野球は 2月 20日 水曜日です。

① テスト・5/9(月)

→ _____。

② サッカー・6/24(木)

→ _____。

③ 私の 誕生日・(　/　)(　)

→ _____。

🌱 새로운 단어 ···

誕生日(たん「じょう「び) 탄생일, 생일　デ「スト 테스트, 시험

6 때에 관한 표현

<ruby>朝<rt>あさ</rt></ruby>	<ruby>昼<rt>ひる</rt></ruby>	<ruby>夜<rt>よる</rt></ruby>	<ruby>毎朝<rt>まいあさ</rt></ruby>	<ruby>毎晩<rt>まいばん</rt></ruby>
아침	낮	밤	매일 아침	매일 밤
<ruby>昨日<rt>きのう</rt></ruby>	<ruby>今日<rt>きょう</rt></ruby>	<ruby>明日<rt>あした</rt></ruby>	<ruby>毎日<rt>まいにち</rt></ruby>	
어제	오늘	내일	매일	
<ruby>先週<rt>せんしゅう</rt></ruby>	<ruby>今週<rt>こんしゅう</rt></ruby>	<ruby>来週<rt>らいしゅう</rt></ruby>	<ruby>毎週<rt>まいしゅう</rt></ruby>	
지난주	이번 주	다음 주	매주	
<ruby>先月<rt>せんげつ</rt></ruby>	<ruby>今月<rt>こんげつ</rt></ruby>	<ruby>来月<rt>らいげつ</rt></ruby>	<ruby>毎月<rt>まいつき</rt></ruby> / <ruby>毎月<rt>まいげつ</rt></ruby>	
지난달	이번 달	다음 달	매월	
<ruby>去年<rt>きょねん</rt></ruby>	<ruby>今年<rt>ことし</rt></ruby>	<ruby>来年<rt>らいねん</rt></ruby>	<ruby>毎年<rt>まいとし</rt></ruby>	
작년	올해	내년	매년	

▶예문

> A : 今月は 何月ですか。　　　　　B : 5月です。
>
> A : 来週の 金曜日は 何日ですか。　B : 8月19日です。
>
> A : 今日は 何曜日ですか。　　　　B : 今日は 土曜日です。

▶연습문제

보기　　A : 来週の 火曜日は 何日ですか。　➡　B : <u>4月 3日</u>です。

① A : 来週の 水曜日は 何日ですか。　➡　B : ＿＿＿＿＿＿＿＿＿＿＿＿＿＿＿。

② A : 明日は 何曜日ですか。　➡　B : ＿＿＿＿＿＿＿＿＿＿＿＿＿。

③ A : 来月は 何月ですか。　➡　B : ＿＿＿＿＿＿＿＿＿＿＿＿＿。

1 다음 그림을 보고 보기와 같이 회화문을 만드세요. ⊚ Track 04-02

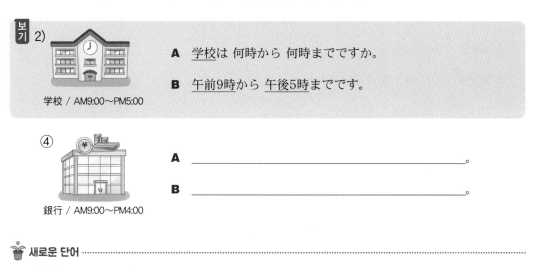

보기 1)

みかん 500ウォン

A <u>みかん</u>は いくらですか。

B <u>500ウォン</u>です。

① コーラ 1,300ウォン

A _____。

B _____。

② コーヒー 3,800ウォン

A _____。

B _____。

③ パソコン 106,000ウォン

A _____。

B _____。

2 다음 그림을 보고 보기와 같이 회화문을 만드세요.

보기 2)

学校 / AM9:00〜PM5:00

A <u>学校</u>は 何時から 何時までですか。

B <u>午前9時</u>から <u>午後5時</u>までです。

④ 銀行 / AM9:00〜PM4:00

A _____。

B _____。

🌱 새로운 단어 ··

み「かん 밀감, 귤　コ「ーヒ」ー 커피

⑤

A _____。

B _____。

病院 / AM9:30〜PM7:00

⑥

A _____。

B _____。

サッカー / PM4:00〜PM6:30

3 주어진 단락을 읽어 보세요.

私は 大学1年生で、趣味は 野球です。誕生日は 7月11日です。今日は 私の 誕生日です。田中さんは 私の 友だちです。田中さんの 誕生日は 11月30日です。大学2年生で、趣味は ゲームです。明日から 学校の テストです。テストは 月曜日から 金曜日までです。

4 다음 한국어를 일본어로 고치세요.

① 생일은 언제입니까?　_____。

② 오늘은 4월 5일입니다.　_____。

③ 일본어 수업은 매주 월요일입니다.

　_____。

④ 아르바이트는 오전 9시부터 오후 4시까지입니다.

　_____。

⑤ 내일은 무슨 요일입니까?　_____。

5　대화를 듣고 해당하는 내용을 고르세요.　　🔘 Track 04-03

誕生日は _____ です。

① 1月1日 / 7月1日
　(　) (　)

② 4月2日 / 4月5日
　(　) (　)

③ 5月15日 / 9月15日
　(　) (　)

④ 12月30日 / 12月31日
　(　) (　)

6　대화를 듣고 빈칸을 채우세요.　　🔘 Track 04-01

田中	おにぎりは いくらですか。
キム	ふたつで 1,200ウォンです。
田中	じゃ、ツナマヨを _____ ください。
キム	全部で _____ウォンです。
田中	じゃ、_____ウォンで。
キム	7,600ウォンの お返しです。ありがとうございました。
田中	アルバイトは 何時から 何時までですか。
キム	今日は 午前 _____から 午後 _____までです。
田中	そうですか。じゃ、また！

명사

때

☐ きょう(今日)

☐ ごぜん(午前)

☐ ごご(午後)

☐ はん(半)

☐ ～じ(時)

☐ ～ふん/ぷん(分)

☐ ～がつ(月)

☐ ～にち(日)

☐ ～ようび(曜日)

☐ いつ

장소

☐ えき(駅)

☐ ソウル

☐ コンビニ

음식

☐ おにぎり

☐ ツナマヨ

☐ コーラ

☐ みかん

☐ コーヒー

학교 관련

☐ じゅぎょう(授業)

☐ テスト

돈

☐ いくら

☐ ウォン

☐ おかえし(お返し)

☐ えん(円)

☐ ドル

기타

☐ ～で

☐ ～じゃ

☐ ～を

☐ ください

☐ せんぶで(全部で)

☐ ありがとうございました

☐ アルバイト/バイト

☐ じゃ、また

☐ ～ごうせん(号線)

☐ いくつ

☐ たんじょうび(誕生日)

漢字練習 🖊

授	授	授				
じゅ　授業						
業	業	業				
ぎょう　授業						
時	時	時				
じ　何時						
駅	駅	駅				
えき　駅						
曜	曜	曜				
よう　曜日						
前	前	前				
ぜん　午前						

カタカナ練習 🖊

ツナマヨ	ツナマヨ	
コーヒー	コーヒー	
テスト	テスト	

일본의 화폐 및 공휴일

일본의 화폐(日本の 貨幣[かへい])

일본에는 6종류의 동전과 4종류의 지폐가 있다.
2천 엔 지폐는 주로 沖縄[おきなわ]에서 사용되며,
1천 엔과 5천 엔, 1만 엔 지폐 디자인은 2024년에
바뀔 예정이다.

일본 동전

일본 지폐

일본의 공휴일(日本の 祝日[しゅくじつ])

날짜	한국어표기	일본어표기	비고
1월 1일	설날	元日[がんじつ]	새해 첫날
1월 둘째 주 월요일	성인의 날	成人の日[せいじんのひ]	1999년까지는 1월 15일이었음
2월 11일	건국기념일	建国記念日[けんこくきねんび]	초대(初代) 진무천황이 즉위한 날
2월 23일	일왕의 생일	天皇誕生日[てんのうたんじょうび]	현재 천황의 생일. 2020년부터 적용
3월 21일경	춘분	春分の日[しゅうぶんのひ]	
4월 29일	쇼와의 날	昭和の日[しょうわのひ]	쇼와천황의 생일. '초록의 날(みどりの日)'이었으나 2007년부터 바뀜
5월 3일	헌법기념일	憲法記念日[けんぽうきねんび]	1947년 5월 3일부터 일본 헌법 시행됨
5월 4일	초록의 날	みどりの日	4월 29일이 '쇼와의 날(昭和の日)'이 되면서 이날로 변경됨
5월 5일	어린이 날	子どもの日[こ]	
7월 셋째 주 월요일	바다의 날	海の日[うみ]	1996년부터 2002년까지는 7월 20일이었음
8월 11일	산의 날	山の日[やま]	
9월 셋째 주 월요일	경로의 날	敬老の日[けいろう]	2002년까지는 9월 15일이었음
9월 23일경	추분	秋分の日[しゅうぶん]	
10월 둘째 주 월요일	스포츠의 날	スポーツの日	1999년까지는 1964년 도쿄올림픽 개최일인 10월 10일이었음
11월 3일	문화의 날	文化の日[ぶんか]	메이지천황 생일
11월 23일	근로감사의 날	勤労感謝の日[きんろうかんしゃ]	

* 母の日(어머니날, 5월 둘째 주 일요일), 父の日(아버지날, 6월 셋째 주 일요일)

とても 大_{おお}きい デパートですね。

학습목표

イ형용사를 사용하여 감정이나 사물의 성질 및 상태를 표현할 수 있다.

학습문형

1. この デパートは 大_{おお}きいです。 이 백화점은 큽니다.
2. 釜山_{ブ サン}で 一番_{いちばん} 大きい デパートです。 부산에서 가장 큰 백화점입니다.
3. 白_{しろ}くて、かわいいです。 희고 귀엽습니다.
4. 値段_{ね だん}は 高_{たか}く ないです/ありません。 가격은 비싸지 않습니다.
5. 赤_{あか}い ぼうしと 白_{しろ}い ぼうしと どちらが いいですか。 빨간 모자와 흰 모자 중 어느 쪽이 좋습니까?

   白い ぼうしより 赤い ぼうしの ほうが いいです。 흰 모자보다 빨간 모자 쪽이 좋습니다.

학습포인트

1. イ형용사 + です ~합니다
2. イ형용사 + 명사 ~한 ~
3. イ형용사 어간 + くて、 ~하고. ~
4. イ형용사 어간 + く ないです/ありません ~하지 않습니다
5. 명사と 명사と どちらが ~ですか ~와/과 ~중 어느 쪽이 ~합니까

   명사より 명사の ほうが ~です ~보다 ~쪽(편)이 ~합니다

会話

긴연아가 다나카와 백화점에서 쇼핑을 하고 있다.

田中　この デパートは とても 大^{おお}きいですね。

キム　ええ、釜山^{プサン}で 一番^{いちばん} 大きい デパートですよ。

田中　日本の デパートより 大きいです。

　　　キムさんは どんな 物^{もの}が ほしいですか。

キム　私^{わたし}は シャツが ほしいです。

　　　あの 白^{しろ}くて、かわいい シャツは どうですか。

田中　いいですね。私は ぼうしが ほしいです。

　　　あの 赤^{あか}い ぼうしと 白い ぼうしと どちらが いいですか。

キム　白い ぼうしより 赤い ぼうしの ほうが いいですよ。

　　　値段^{ねだん}も あまり 高^{たか}く ありませんね。

田中　あ、そうですね。ここは 本当^{ほんとう}に 安^{やす}くて、いい 物^{もの}が 多^{おお}いですね。

🌱 **새로운 단어** ....

デ「パ「ート 백화점　と「ても 매우　大きい(お「おき「い) 크다　〜ね 〜군요　え「え 예, 네　一番(い「ちばん) 제일, 가장

〜よ 〜에요　どんな 어떤　物(も「の) 것, 물건　〜が ほ「し「い 〜을/를 갖고 싶다　シャ「ツ 셔츠　白い(し「ろ「い) 희다

か「わい「い 귀엽다　どうですか 어떻습니까　赤い(あ「かい) 빨갛다　い「い/よ「い 좋다　値段(ね「だん) 가격

あ「まり 그다지　高い(た「か「い) 비싸다, 높다　本当に(ほ「んとうに) 정말로　安い(や「す「い) 싸다　多い(お「おい) 많다

1 イ형용사의 보통체와 정중체 **イ형용사** です ~하다, ~합니다

イ형용사는 사람의 감정이나 사물의 성질·상태를 나타내며, 기본형은 어미가 「~い」로 끝난다. 주로 명사를 수식하며 단독으로 술어가 되기도 하고 어미 활용도 한다. 정중형은 기본형에 「です」를 붙인다.

예 安い ➡ 安いです

▶예문

> この スーパーは とても 安い(です)。
> 日本語(にほんご)の 授業(じゅぎょう)は 楽(たの)しい(です)。
> あの 映画(えいが)は ほんとうに おもしろい(です)。

▶연습문제

> 보기 夏(なつ)・暑(あつ)い ➡ 夏は 暑い(です)。

① 冬(ふゆ)・寒(さむ)い ➡ ＿＿＿＿＿＿＿＿＿＿＿＿＿＿＿。

② テスト・難(むずか)しい ➡ ＿＿＿＿＿＿＿＿＿＿＿＿＿。

③ この かばん・重(おも)い ➡ ＿＿＿＿＿＿＿＿＿＿＿＿＿。

④ この デパート・大きい ➡ ＿＿＿＿＿＿＿＿＿＿＿＿＿。

🌱 새로운 단어 ···

スーパー 슈퍼마켓　楽しい(た「のし」い) 즐겁다　映画(え「いが) 영화　お「もしろ」い 재미있다　夏(な「つ) 여름

暑い(あ「つ」い) 덥다　冬(ふ「ゆ) 겨울　寒い(さ「む」い) 춥다　難しい(む「ずかしい) 어렵다　重い(お「も」い) 무겁다

② イ형용사의 명사 수식형 **イ형용사＋명사** ～한 ～

イ형용사의 명사 접속 「～い＋명사」
예 赤い ぼうし

▶예문

赤い ぼうし
大きい デパート
いい 物

▶연습문제

보기 青い・空 → 青い 空

① 高い・山 → _____

② おいしい・お茶 → _____

③ 暑い・夏 → _____

④ 楽しい・授業 → _____

🌱 새로운 단어 ···

青い(あ「お「い) 파랗다 空(そ「ら) 하늘 山(や「ま「) 산 お「いしい 맛있다

お茶(お「ちゃ) 차 お～ 공손함을 나타내는 접두어

3 **イ형용사의 연결형 イ형용사 어간＋くて、～ ～하고, ～**

앞쪽 イ형용사의 어미 い가 없어지고 「く＋て」로 활용한다.

예 白い・かわいい → 白くて かわいいです。

▶예문

> この シャツは 白くて、かわいいです。
>
> パクさんは 優しくて、おもしろいです。
>
> この お茶は おいしくて、安いです。

▶연습문제

| 보기 | この ボールペン・安い・いい → この ボールペンは 安くて、いいです。 |

① この かばん・小さい・軽い → ＿＿＿＿＿＿＿＿＿＿＿＿＿＿＿＿。

② 教室・広い・寒い → ＿＿＿＿＿＿＿＿＿＿＿＿＿＿。

③ キムチ・辛い・おいしい → ＿＿＿＿＿＿＿＿＿＿＿＿＿＿＿。

④ この 辞書・大きい・重い → ＿＿＿＿＿＿＿＿＿＿＿＿＿。

🌱 **새로운 단어** ···

優しい(や「さしい) 상냥하다　ボ「ールペン 볼펜　小さい(ち「いさ「い) 작다　軽い(か「るい) 가볍다

広い(ひ「ろ「い) 넓다　キムチ 김치　辛い(か「ら「い) 맵다

4 イ형용사의 부정형 **イ형용사 어간 ＋ く ないです/ありません** ~하지 않습니다

보통체는 어미 い가 없어지고 「く＋ない」로 활용한다.

예 高い ➡ 高く ない ➡ 高く ないです / 高く ありません

정중체는 두 가지 형태가 있는데, 「~く ないです」에 비해 「~く ありません」이 보다
정중한 느낌을 준다.

＊いい・よい(좋다)는 「よい」로 활용한다.

▶예문

> この ぼうしは あまり 高く ないです / 高く ありません。
> その お菓子は 甘く ないです / 甘く ありません。
> 図書館は 暑く ないです / 暑く ありません。

▶연습문제

보기 　この パソコン・いい(よい)

　　　➡　この パソコンは よく ないです / よく ありません。

① 人・多い

　　➡ ＿＿＿＿＿＿＿＿＿＿＿＿ / ＿＿＿＿＿＿＿＿＿＿＿＿。

② かばん・重い

　　➡ ＿＿＿＿＿＿＿＿＿＿＿＿ / ＿＿＿＿＿＿＿＿＿＿＿＿。

③ 駅・遠い

　　➡ ＿＿＿＿＿＿＿＿＿＿＿＿ / ＿＿＿＿＿＿＿＿＿＿＿＿。

④ 日本語・難しい

　　➡ ＿＿＿＿＿＿＿＿＿＿＿＿ / ＿＿＿＿＿＿＿＿＿＿＿＿。

🌱 새로운 단어 ･･･

お菓子(お｢か｣し) 과자 　甘い(あ｢まい) 달다 　人(ひ｢と) 사람 　遠い(と｢おい) 멀다

5 **명사와 명사와 どちらが ～ですか** ～와/과 ～중 어느 쪽이 ～합니까?
명사より 명사の ほうが ～です ～보다 ～쪽(편)이 ～합니다

비교 대상이 2개인 경우, 성질 및 상태를 묻고 답할 때 사용한다.

▶예문

> A：赤い ぼうしと 白い ぼうしと どちらが いいですか。
>
> B：白い ぼうしより 赤い ぼうしの ほうが いいです。

▶연습문제

보기	りんご・みかん・多い

> → A：<u>りんごと みかんと どちらが 多いですか。</u>
>
> B：<u>みかんより りんごの ほうが 多いです。</u>

① 映画・アニメ・おもしろい

→ A：_____。

B：_____。

② お金(かね)・車(くるま)・ほしい

→ A：_____。

B：_____。

🌱 **새로운 단어** ··

り「んご 사과 **ア「ニメ** 애니메이션(アニメーション의 줄임말) **お金(お「かね)** 돈

③ スーパー・コンビニ・近^{ちか}い

→ A : _____。

B : _____。

④ 電車^{でんしゃ}・バス・速^{はや}い

→ A : _____。

B : _____。

イ형용사 활용표

		긍정	부정
현재	보통체	高い	高く ない
	정중체	高いです	高く ないです / 高く ありません
	명사수식	高い 山	高く ない 山

양태의 こ・そ・あ・ど

こ	そ	あ	ど
こんな	そんな	あんな	どんな
이런, 이러한	그런, 그러한	저런, 저러한	어떤, 어떠한

🌱 **새로운 단어**

近い(ちˈかˈい) 가깝다 電車(でˈんしゃ) 전철 バˈス 버스 速い(はˈやˈい) 빠르다(속도)

応用練習 응용연습

1 다음 그림을 보고, 주어진 단어를 사용하여 회화문을 만드세요. Track 05-02

보기

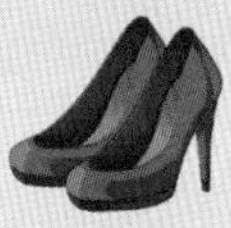

くつ

A Bさんは どんな くつが ほしいですか。

B 私は 赤くて、軽い くつが ほしいです。

①
パソコン

A ____________________。

B ____________________。

②
さいふ

A ____________________。

B ____________________。

③
かばん

A ____________________。

B ____________________。

④

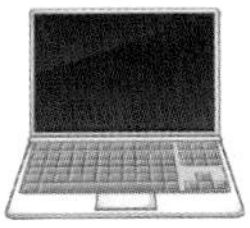

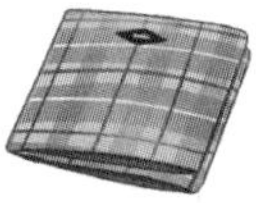

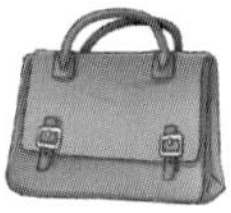

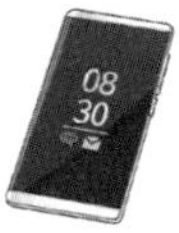

携帯電話(けいたいでんわ)

A ____________________。

B ____________________。

⑤
彼女(かのじょ)

A ____________________。

B ____________________。

赤い　青い　黒(くろ)い　高い　安い　新(あたら)しい　軽い　小さい　かわいい　優しい

새로운 단어

さ「いふ 지갑　**携帯電話(け「いたいで˥んわ)** 휴대전화　**彼女(か˥のじょ)** 여자친구　**黒い(く「ろ˥い)** 검다

新しい(あ「たらし˥い) 새롭다

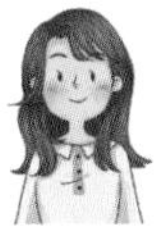

2 학습 내용을 활용하여 자유롭게 문장을 만드세요

① 田中さんは _____ 。

② この 映画は とても _____ 。

③ 教室(きょうしつ)は あまり _____ 。

④ _____ より _____ の ほうが _____ 。

3 주어진 단락을 읽어 보세요.

　この デパートは、韓国(かんこく)で 一番 大きいです。値段も あまり 高く ありません。スーパーより 安くて、いい 物が 多いです。料理(りょうり)も とても おいしくて、駅も 近いです。週末(しゅうまつ)は、本当に 人が 多いです。

4 다음 한국어를 일본어로 고치세요.

① 이 백화점은 매우 크군요.　_____ 。

② 그다지 비싸지 않습니다.　_____ 。

③ 빨갛고 가벼운 모자를 갖고 싶습니다.　_____ 。

④ 전철과 버스 중 어느 쪽이 빠릅니까?　_____ 。

⑤ 애니메이션보다 영화 쪽이 재미있습니다.

_____ 。

🌱 **새로운 단어** ···

週末(しゅうまつ) 주말

5 대화를 듣고 해당하는 것을 고르세요. Track 05-03

① バス / 電車

( ) ( )

② サッカー / 野球
や きゅう

( ) ( )

③ 釜山 / ソウル
プ サン

( ) ( )

④ 映画 / アニメ

( ) ( )

6 대화를 듣고 빈칸을 채우세요. Track 05-01

田中　この デパートは ＿＿＿＿＿＿＿＿＿＿ 大きいですね。

キム　ええ、釜山で ＿＿＿＿＿＿＿＿＿＿ デパートですよ。

田中　日本の デパートより 大きいです。

キムさんは ＿＿＿＿＿＿＿＿＿＿ ですか。

キム　私は シャツが ほしいです。

あの ＿＿＿＿＿＿＿＿＿＿ シャツは どうですか。

田中　いいですね。私は ぼうしが ほしいです。

あの 赤い ぼうしと 白い ぼうし ＿＿＿＿＿＿＿＿＿＿ ですか。

キム　白い ぼうしより 赤い ぼうしの ほうが いいですよ。

値段も ＿＿＿＿＿＿＿＿＿＿ ね。

田中　あ、そうですね。

ここは 本当に ＿＿＿＿＿＿＿＿＿＿ が 多いですね。

イ形容사

- ☐ おおきい(大きい)
- ☐ ちいさい(小さい)
- ☐ たかい(高い)
- ☐ やすい(安い)
- ☐ しろい(白い)
- ☐ あかい(赤い)
- ☐ あおい(青い)
- ☐ くろい(黒い)
- ☐ おおい(多い)
- ☐ たのしい(楽しい)
- ☐ おもしろい
- ☐ あつい(暑い)
- ☐ さむい(寒い)
- ☐ おもい(重い)
- ☐ かるい(軽い)
- ☐ おいしい
- ☐ からい(辛い)
- ☐ あまい(甘い)
- ☐ とおい(遠い)
- ☐ ちかい(近い)
- ☐ ほしい
- ☐ かわいい
- ☐ いい/よい
- ☐ むずかしい(難しい)
- ☐ ひろい(広い)
- ☐ はやい(速い)
- ☐ あたらしい(新しい)
- ☐ やさしい(優しい)

명사

- ☐ デパート
- ☐ スーパー
- ☐ シャツ
- ☐ ねだん(値段)
- ☐ もの(物)
- ☐ えいが(映画)
- ☐ なつ(夏)
- ☐ ふゆ(冬)
- ☐ そら(空)
- ☐ やま(山)
- ☐ おちゃ(お茶)
- ☐ キムチ
- ☐ おかし(お菓子)
- ☐ ひと(人)
- ☐ りんご
- ☐ アニメ
- ☐ おかね(お金)
- ☐ でんしゃ(電車)
- ☐ バス
- ☐ さいふ
- ☐ けいたいでんわ(携帯電話)
- ☐ かのじょ(彼女)
- ☐ しゅうまつ(週末)

부사

- ☐ いちばん(一番)
- ☐ とても
- ☐ ほんとうに(本当に)
- ☐ あまり

漢字練習 🖍

赤	赤	赤				
あか（い）　赤い						
青	青	青				
あお（い）　青い						
白	白	白				
しろ（い）　白い						
黒	黒	黒				
くろ（い）　黒い						
安	安	安				
やす（い）　安い						
高	高	高				
たか（い）　高い						

カタカナ練習 🖍

デパート	デパート	
シャツ	シャツ	
キムチ	キムチ	

일본의 교통수단

　일본은 자전거부터 가장 빠른 열차인 「新幹線(신칸센)」에 이르기까지 여러 가지 교통수단을 이용하여 편리하게 이동할 수 있다.

자전거
가까운 곳에 갈 때는 이동 수단으로 자전거를 이용하는 사람이 많다. 보통 철도역 앞에는 자전거 보관소가 있으며, 자전거는 구입 시에 자동차처럼 등록 절차를 거치기 때문에 분실할 우려가 적다.

철도
도쿄와 같은 대도시에서는 시내를 이동하는 지하철과 주변 도시로의 이동이 가능한 「JR線(전 국유 철도)」, 「私鉄(민간 철도)」 등이 있다. 지하철과 전철이 거미줄처럼 연결되어 있어 도쿄 시내뿐 아니라 먼 지역까지 편리하게 철도를 이용하여 출퇴근할 수 있다. 주요 도시 간에는 「新幹線」을 이용하면 짧은 시간에 먼 거리까지 이동하기가 용이하다. 교통요금이 비싼 편인데, 통학·출근의 경우에는 정기권(PASMO 등)을 사용하면 할인이 된다.

항공
　국제공항으로는 「東京国際空港(羽田)」, 「成田国際空港」, 「大阪国際空港(伊丹)」, 「関西国際空港」, 「中部国際空港」이 있으며, 그 외에도 인근 국가의 국제선이 출발·도착하는 공항이 다수 있다. 北海道에서 沖縄까지 길게 늘어선 넓은 국토로 신칸센과 함께 국내선 항공도 많이 이용된다.

新幹線　　　　　PASMO 정기권

第 06 課

田中さんは 何が 好きですか。

학습목표

ナ형용사를 사용하여 감정이나 사물의 특징을 표현할 수 있다.

학습문형

① 私は 元気です。저는 잘 지냅니다.

② にぎやかな 店です。활기찬 가게입니다.

③ 図書館は きれいで、静かです。도서관은 깨끗하고 조용합니다.

④ ここは 有名じゃ ないです/ありません。여기는 유명하지 않습니다.

⑤ とんかつが 好きですが、辛い ものは 苦手です。돈가스를 좋아하지만, 매운 것은 잘 못 먹습니다.

학습포인트

① ナ형용사 어간＋です ～합니다

② ナ형용사 어간 な＋명사 ～한 ～

③ ナ형용사 어간＋で、～ ～하고, ～

④ ナ형용사 어간＋じゃ ないです/ありません ～하지 않습니다

⑤ ～が、 ～하지만,

会話

会話

会話

회화

다나카가 한국인 친구 박해나를 오랜만에 만나 같이 식사를 하려고 한다.

Track 06-01

田中　パクさん、お久(ひさ)しぶりです。お元気(げんき)ですか。

パク　ええ、元気です。あ、店(みせ)は ここですよ。

田中　とても きれいで、にぎやかな 店ですね。

パク　ここは 有名(ゆうめい)じゃ ありませんが、とても おいしいです。

田中　そうですか。何(なに)が 一番(いちばん) おいしいですか。

パク　天(てん)ぷら定食(ていしょく)です。とんかつと 辛(から)い スープの セットも おすすめです。
田中(たなか)さんは 何が 好(す)きですか。

田中　とんかつが 好きですが、辛い ものは 苦手(にがて)です。

パク　では、とんかつと わかめスープの セットは どうですか。
辛く ありませんよ。

田中　いいですね。それに します。

パク　じゃ、私(わたし)は 天ぷら定食に します。すみません！

새로운 단어

久しぶり(ひ「さしぶり) 오래간만 **元気だ(げ˥んきだ)** 건강하다, 잘 지내다 **店(み「せ˥)** 가게 **き˥れいだ** 예쁘다, 깨끗하다 **に「ぎ˥やかだ** 북적이다, 활기차다 **有名だ(ゆ「うめいだ)** 유명하다 **天ぷら定食(て「んぷらて˥いしょく)** 튀김 정식 **と「んかつ** 돈가스 **ス˥ープ** 국 **セ˥ット** 세트 **お「すすめ** 추천(메뉴, 요리 등) **~が 好きだ(す「き˥だ)** ~을/를 좋아하다 **苦手だ(に「がてだ)** 잘못하다, 서투르다 **わ「かめス˥ープ** 미역국 **~に します** ~로 하겠습니다 **す「みませ˥ん** 여기요!

文法·文型練習

1 ナ형용사의 보통체와 정중체 ナ형용사 어간 + です ~하다, ~합니다

ナ형용사는 사람의 감정이나 사물의 성질 · 상태를 나타낸다. 기본형은 「~だ」이고, 명사문과 비슷한 활용을 한다. 정중형은 기본형의 「だ」를 「です」로 만든다.

예 元気だ → 元気です

▶예문

> 山田さんは 元気です。
> 友だちは 大切です。
> 木村さんは 料理が 上手です。

▶연습문제

> 보기 新幹線・便利だ → 新幹線は 便利です。

① 勉強・大変だ → _____ 。

② 明日・暇だ → _____ 。

③ 鈴木さん・サッカー・得意だ

→ _____ 。

2 ナ형용사의 명사수식형 ナ형용사 어간 な + 명사 ~한 ~

「~な + 명사」로 접속한다.

예 にぎやかだ → にぎやかな 店

🌱 **새로운 단어** ·····

大切だ(た「いせつだ) 소중하다, 중요하다 **~が 上手だ**(じょ「うず」だ) ~을/를 잘하다 **新幹線**(し「んか」んせん) 신칸센(일본 초고속철도) **便利だ**(べ「んりだ) 편리하다 **勉強**(べ「んきょう) 공부 **大変だ**(た「いへんだ) 힘들다 **暇だ**(ひ「まだ) 한가하다 **~が 得意だ**(と「く」いだ) (특기) ~을/를 잘하다, 자신이 있다

にぎやかな 店

有名な 歌手(かしゅ)

きれいな 町(まち)

▶연습문제

| 보기 | すてきだ・服(ふく) → すてきな 服 |

① 親切(しんせつ)だ・学生(がくせい) → _____

② 好きだ・料理 → _____

③ 丈夫(じょうぶ)だ・かばん → _____

3 ナ형용사의 연결형 ナ형 어간+で、～ ～하고, ～

ナ형용사의 기본형 「だ」를 「で」로 만든다.

예 きれいだ・静かだ → きれいで、静かです。

▶예문

新(あたら)しい 図書館(としょかん)は きれいで、静(しず)かです。

ここの レストランは 有名で、すてきです。

英語(えいご)の 先生(せんせい)は 親切で、おもしろい 人(ひと)です。

🌱 **새로운 단어**

町(ま「ち) 마을, 동네 す「てきだ 매우 근사하다 服(ふ「く) 옷 親切だ(し「んせつだ) 친절하다

丈夫だ(じょ「うぶだ) 튼튼하다 静かだ(し「ずかだ) 조용하다 レ「ストラン 레스토랑

▶연습문제

| 보기 | バス・便利だ・安い → バスは便利で、安いです。

① この 車(くるま)・丈夫だ・静かだ　→ _____。

② 私の 父(ちち)・まじめだ・優(やさ)しい　→ _____。

③ あの 店の すし・新鮮(しんせん)だ・おいしい

　　　　　　　　→ _____。

4 ナ형용사의 부정형 ナ형 어간＋じゃ ないです/ありません ～하지 않습니다

부정형 보통체는 「～じゃ ない」, 정중체는 「～じゃ ないです」, 「～じゃ ありません」 두 가지 형태가 있다.

| 예 | 元気だ → 元気じゃ(では) ない → 元気じゃ(では) ないです / 元気じゃ(では) ありません

▶예문

佐藤(さとう)さんは 今日(きょう) 元気じゃ ないです / 元気じゃ ありません。
テストは 簡単(かんたん)じゃ ないです / 簡単じゃ ありません。
私は 日本語(にほんご)が あまり 上手(じょうず)じゃ ないです / 上手じゃ ありません。

▶연습문제

| 보기 | この 病院(びょういん)・有名だ

　　→ この 病院は 有名じゃ ないです / 有名じゃ ありません。

① あの 人・まじめだ　→ _____ / _____。

② 週末(しゅうまつ)・静かだ　→ _____ / _____。

③ 弟(おとうと)の 部屋(へや)・きれいだ　→ _____ / _____。

🌱 새로운 단어

ま「じめだ 성실하다　す「し」 초밥　新鮮だ(し「んせんだ) 신선하다　簡単だ(か「んたんだ) 간단하다

5 **역접표현 ～が、 ～하지만,**

반대되는 상황을 나타내는 두 개의 문장을 연결할 때, 앞 문장의 보통체 또는 정중체 다음에 접속조사「～が」를 첨가한다.

▶예문

> <ruby>電車<rt>でんしゃ</rt></ruby>は 便利ですが、バスは <ruby>不便<rt>ふべん</rt></ruby>です。
>
> 今日は <ruby>忙<rt>いそが</rt></ruby>しいですが、明日は 暇です。
>
> 英語は 得意ですが、日本語は 苦手です。

▶연습문제

보기 歌・好きだ・苦手だ ➡ <u>歌は 好きですが、苦手です。</u>

① 鈴木さん・きれいだ・<ruby>冷<rt>つめ</rt></ruby>たい

➡ _____。

② <ruby>歴史<rt>れきし</rt></ruby>・<ruby>難<rt>むずか</rt></ruby>しい・おもしろい

➡ _____。

③ あの レストラン・おいしい・<ruby>高<rt>たか</rt></ruby>い

➡ _____。

ナ형용사 활용표

		긍정	부정
현재	보통체	元気だ	元気じゃ ない
	정중체	元気です	元気じゃ ないです / 元気じゃ ありません
	명사수식	元気な 人	元気じゃ ない 人

🌱 **새로운 단어** ···

不便だ(ふ「べんだ) 불편하다 忙しい(い「そがし「い) 바쁘다 歌(う「た「) 노래 冷たい(つ「めたい) 차갑다, 냉정하다

応用練習

1 보기와 같이 ナ형용사를 활용하여 회화문을 만드세요.   Track 06-02

보기

1) 　山田　A 山田さんは どんな 人ですか。
　　　　　　親切だ
　　　　　　優しい　B 親切で、優しいです。

2) 　鈴木　A 鈴木さんは どんな 人ですか。
　　　　　　きれいだ
　　　　　　親切だ(×)　B きれいですが、親切じゃ ありません。

① 　田中　A _____。
　　　　　　元気だ
　　　　　　おもしろい　B _____。

② 　木村　A _____。
　　　　　　静かだ
　　　　　　まじめだ(×)　B _____。

보기

1) 　車　A その 車は どうですか。
　　　　　　丈夫だ
　　　　　　静かだ　B 丈夫で、静かです。

2) 　カメラ　A その カメラは どうですか。
　　　　　　すてきだ
　　　　　　高い　B すてきですが、高いです。

③ 　仕事(しごと)　A _____。
　　　　　　大変だ
　　　　　　難(むずか)しい　B _____。

④ 　スマホ　A _____。
　　　　　　(スマートフォン)
　　　　　　便利だ　B _____。
　　　　　　少(すこ)し 小さい

🌱 새로운 단어 ....

カ¬メラ 카메라　仕事(し¬ご¬と) 일　少し(す¬こ¬し) 조금, 좀

2 학습 내용을 활용하여 자유롭게 문장을 만드세요.

① この 店は ＿＿＿＿＿＿＿＿＿＿＿＿＿＿＿＿ 。

② あの 町は あまり ＿＿＿＿＿＿＿＿＿＿＿＿＿＿＿ 。

③ ここは ＿＿＿＿＿＿＿＿＿＿＿＿＿＿ ところです。

④ 英語は ＿＿＿＿＿＿＿＿ が、日本語は ＿＿＿＿＿＿＿＿＿＿＿ 。

3 주어진 단락을 읽어 보세요.

釜山は 韓国の 第二都市です。一番 有名な ところは 海雲台です。海が とても きれいです。夜の 景色も すばらしいです。夏は 人が 多くて、いつも にぎやかです。

チャガルチ市場も 有名です。魚が 新鮮で おいしいです。みんな 元気で、楽しい ところです。

4 다음의 한국어를 일본어로 고치세요.

① 남동생은 성실합니다. ＿＿＿＿＿＿＿＿＿＿＿＿＿＿＿＿＿ 。

② 매운 요리를 좋아합니다. ＿＿＿＿＿＿＿＿＿＿＿＿＿＿＿＿ 。

③ 일은 힘들지만 재미있습니다. ＿＿＿＿＿＿＿＿＿＿＿＿＿＿ 。

④ 여기는 유명하고, 활기찬 가게입니다.

＿＿＿＿＿＿＿＿＿＿＿＿＿＿＿＿＿＿＿＿＿ 。

⑤ 잘 지내십니까? ＿＿＿＿＿＿＿＿＿＿＿＿＿ 。

🌱 **새로운 단어** ···

と「ころ」 곳　第二都市(だ「いにと」し) 제2의 도시　海(う「み) 바다　景色(け「しき) 경치

す「ばらし」い 훌륭하다, 근사하다　い「つも 늘, 언제나　市場(い「ちば) 시장　魚(さ「かな) 생선　み「んな」 모두

海雲台(ヘ「ウンデ) 해운대

5　대화를 듣고 해당하는 내용을 고르세요.　◎ Track 06-03

① きれいな人 / まじめな人　　　　② 静かです / にぎやかです
　　（　）　　　（　）　　　　　　　　（　）　　　　（　）

③ 得意です / 苦手です　　　　　　④ 暇です / 忙しいです
　　（　）　　　（　）　　　　　　　　（　）　　　　（　）

6　대화를 듣고 빈칸을 채우세요.　◎ Track 06-01

田中	パクさん、＿＿＿＿＿＿＿＿＿＿＿。お元気ですか。
パク	ええ、元気です。あ、店は ここですよ。
田中	とても ＿＿＿＿＿＿＿＿、＿＿＿＿＿＿＿ 店ですね。
パク	ここは 有名＿＿＿＿＿＿＿＿＿＿＿、とても おいしいです。
田中	そうですか。何が 一番 おいしいですか。
パク	天ぷら定食です。とんかつと 辛い スープの セットも ＿＿＿＿＿＿＿＿＿＿＿。田中さんは 何が 好きですか。
田中	とんかつが ＿＿＿＿＿＿＿、辛い ものは ＿＿＿＿＿＿。
パク	では、とんかつと わかめスープの セットは どうですか。 辛くありませんよ。
田中	いいですね。＿＿＿＿＿＿＿＿＿＿＿＿＿＿＿。
パク	じゃ、わたしは 天ぷら定食に します。＿＿＿＿＿＿＿＿＿＿！

ナ形容詞

- □ げんきだ(元気だ)
- □ きれいだ
- □ にぎやかだ
- □ ゆうめいだ(有名だ)
- □ すきだ(好きだ)
- □ にがてだ(苦手だ)
- □ たいせつだ(大切だ)
- □ じょうずだ(上手だ)
- □ べんりだ(便利だ)
- □ たいへんだ(大変だ)
- □ ひまだ(暇だ)
- □ とくいだ(得意だ)
- □ すてきだ
- □ しんせつだ(親切だ)
- □ じょうぶだ(丈夫だ)
- □ しずかだ(静かだ)
- □ まじめだ
- □ しんせんだ(新鮮だ)
- □ かんたんだ(簡単だ)
- □ ふべんだ(不便だ)

イ形容詞

- □ いそがしい(忙しい)
- □ つめたい(冷たい)
- □ すばらしい

名詞

- □ ひさしぶり(久しぶり)
- □ みせ(店)

- □ てんぷらていしょく(天ぷら定食)
- □ とんかつ
- □ スープ
- □ セット
- □ おすすめ
- □ わかめスープ
- □ しんかんせん(新幹線)
- □ べんきょう(勉強)
- □ まち(町)
- □ ふく(服)
- □ レストラン
- □ すし
- □ うた(歌)
- □ カメラ
- □ しごと(仕事)
- □ ところ
- □ だいにとし(第二都市)
- □ うみ(海)
- □ けしき(景色)
- □ いちば(市場)
- □ さかな(魚)
- □ みんな

기타

- □ ～に します
- □ すみません
- □ すこし
- □ いつも

練習

漢字練習 ✎

親	親	親			
しん　　親切					
静	静	静			
しず(か)　　静か					
勉	勉	勉			
べん　　勉強					
強	強	強			
きょう　　勉強					
簡	簡	簡			
かん　　簡単					
町	町	町			
まち　　町					

カタカナ練習 ✎

スープ	スープ	
セット	セット	
レストラン	レストラン	

행운의 아이템 縁起物(えんぎもの)

일본의 **縁起物**는 좋은 일이 일어나기를 바라는 마음으로 몸에 지니거나 먹기도 하고, 집 또는 가게 등에 장식물처럼 놓아두기도 하는 '행운의 아이템' 같은 것이다. 절이나 신사 등 사원을 찾은 참배객들이 경내나 사원 앞 상가 등에서 구입하는 게 일반적이지만, 요즘은 인터넷이나 기념품 가게에서도 구입할 수 있다. 학업성취, 연애성취, 가족건강, 자손번영 등의 기원이 담겨 있다.

招き猫

액운을 물리치고 복과 행운을 가져다준다는 점에서 한국의 부적문화와 비슷하지만 일본의 **縁起物**는 액세서리나 스트랩, 인테리어 소품으로 활용되는 등 일상생활 속에 스며들어 있어 친근하고 엔터테인먼트적 요소가 더 강하다.

관광객들이 기념품으로 곧잘 구입하는 복 고양이(招(まね)き猫(ねこ))가 그 대표적인 예이다. 일본 식당이나 상점에 가면 쉽게 볼 수 있다. 오른손을 든 고양이는 금전운을, 왼손을 든 고양이는 손님을 부른다는 믿음이 담겨 있다. 두 행운을 모두 잡으려는 욕심 많은 만세고양이도 있다.

だるま

다루마(だるま)도 유명하다. 고대 중국의 달마대사의 좌선 모습을 본뜬 だるま는 보통 두 눈동자가 없다. 바라는 소원이 이루어졌을 때 비로소 두 눈을 그려 넣거나, 소원을 빌면서 먼저 한쪽 눈을 그려 넣고 소원이 이루어진 다음 나머지 눈을 그려 넣기도 한다.

縁起熊手

행운과 금운을 갈퀴처럼 긁어모으라는 소망을 담은 갈퀴 장식(縁起熊手(えんぎくまで))은 장사와 사업 번창을 가져오는 **縁起物**로 특히 유명하다. 매년 11월 도쿄를 중심으로 각지의 **おおとり**神社(じんじゃ)에서 유일(酉(とり)の日)에 열리는 유시(酉(とり)の市) 축제 등에서 구입할 수 있다. 해마다 그 전 해에 샀던 갈퀴보다 큰 것을 사야 사업 번창으로 이어진다는 믿음이 있어서, 크기도 다양하다. 대나무로 만든 갈퀴에 금화, 보물선(宝船(たからぶね)), 거북이, 칠복신(七福神(しちふくじん)) 등 여러 장식물로 화려하게 꾸민다.

이외에도 섣달 그믐날 먹는 해넘이 메밀국수(年越(としこ)しそば) 등 길운을 부르는 "재수 좋은(縁起(えんぎ)のいい)" 음식들도 있다. 그중 도미(鯛(たい)) 요리는 "めでたい(경사스럽다)"와 발음이 유사하여 경삿날 차려내는 대표음식으로 자리 잡았다. 언어의 유희적이고 주술적 힘에 기댄 일본 문화의 단면을 보여주는 사례라 하겠는데, 이처럼 **縁起物**는 일본의 생활문화 곳곳에 스며들어 있다.

第
07
課

<ruby>学<rt>がっ</rt></ruby><ruby>校<rt>こう</rt></ruby>の<ruby>中<rt>なか</rt></ruby>に<ruby>郵<rt>ゆう</rt></ruby><ruby>便<rt>びん</rt></ruby><ruby>局<rt>きょく</rt></ruby>があります。

학습목표

사람 · 동물이나 사물 · 식물의 존재, 위치에 관한 표현을 이해하고 사용할 수 있다.

학습문형

① **<ruby>銀<rt>ぎん</rt></ruby><ruby>行<rt>こう</rt></ruby>が あります/ありません。** 은행이 있습니다/없습니다.
② **<ruby>弟<rt>おとうと</rt></ruby> が います/いません。** 남동생이 있습니다/없습니다.
③ **<ruby>校<rt>こう</rt></ruby><ruby>内<rt>ない</rt></ruby>に ATMが あります。** 교내에 ATM이 있습니다.
④ **<ruby>学<rt>がっ</rt></ruby><ruby>校<rt>こう</rt></ruby>の <ruby>中<rt>なか</rt></ruby>に <ruby>郵<rt>ゆう</rt></ruby><ruby>便<rt>びん</rt></ruby><ruby>局<rt>きょく</rt></ruby>が あります。** 학교 안에 우체국이 있습니다.

학습포인트

① **あります/います** 있습니다
② **ありません/いません** 없습니다
③ **〜に** 〜에
④ 위치 표현
⑤ 조수사, 가족 호칭

다나카가 김연아에게 편의 시설에 대해 묻고 있다.　　　　　　　　　　　○ Track 07-01

田中　学校の 中に 郵便局が ありますか。

キム　ええ、あります。食堂の 建物の 2階に あります。

田中　銀行も ありますか。

キム　ええ、人文館の 後ろに あります。

　　　校内には ATMも 3台 ありますよ。

田中　本屋は どこに ありますか。

キム　学校の 中には ありません。学校の 外に あります。

田中　そうですか。

キム　ところで、田中さんは 何人家族ですか。

田中　4人家族です。父と 母、それから 妹が 1人 います。

　　　キムさんは 何人家族ですか。

キム　私も 4人家族ですが、妹は いません。

　　　弟が います。

🌱 **새로운 단어** ··

建物(たてもの) 건물　銀行(ぎんこう) 은행　校内(こうない) 교내　ATM(エーティーエム) 현금지급기

~台(だい) ~대　何人家族(なんにんかぞく) 몇 인 가족　それから 그리고, 그다음에

92

1 あります/います 있습니다

「あります」는 스스로 움직일 수 없는 사물이나 식물의 존재를 나타낼 때 사용하고,
「います」는 사람이나 동물과 같이 스스로 움직일 수 있는 존재를 나타낼 때 사용한다.

▶예문

> スーパーが あります。
>
> レストランも あります。
>
> 日本人の 友だちが います。
>
> 犬と 猫が います。

▶연습문제

> 보기 | 寮　→　寮が あります。
>
> 兄弟　→　兄弟が います。

① パクさん　→　_____。

② 木　→　_____。

③ 試験　→　_____。

④ 留学生　→　_____。

🌱 **새로운 단어** ....

犬(い「ぬ」) 개　猫(ね「こ) 고양이　寮(りょ「う) 기숙사　兄弟(きょ「うだい) 형제　木(き」) 나무　試験(し「けん) 시험

2 ありません/いません 없습니다

「あります」의 부정형은 「ありません」이고, 「います」의 부정형은 「いません」이다.

▶예문

> 明日は 授業が ありません。
> 何も ありません。
> 弟は 今 恋人が いません。
> 誰も いません。

▶연습문제

보기	トイレ → トイレは ありません。
	魚 → 魚は いません。

① 机 → _____。

② ペット → _____。

③ 約束 → _____。

🌱 **새로운 단어** ···

何も(な「にも) 아무것도 恋人(こ「いびと) 애인 誰も(だ「れも) 아무도 机(つ「くえ) 책상 ペット 반려동물

約束(や「くそく) 약속

3 ～に ～에

「に」는 장소, 위치를 나타내는 명사 뒤에 붙는 조사로, 사람이나 사물 등이 존재하는 장소를 나타내며 '～에'에 해당한다. (단, 「사람＋に」는 '～에게/한테'로 해석된다.)

▶예문

> 教室に 学生が います。
>
> トイレは あそこに あります。
>
> 病院は どこに ありますか。

▶연습문제

> 보기　そこ・銀行　➡　そこに 銀行が あります。
>
> 　　　　　　　　　➡　銀行は そこに あります。

① 冷蔵庫・水　➡　＿＿＿＿＿＿＿＿＿＿＿＿＿＿＿。

　　　　　　　➡　＿＿＿＿＿＿＿＿＿＿＿＿＿＿＿。

② 研究室・青木さん　➡　＿＿＿＿＿＿＿＿＿＿＿＿＿＿＿。

　　　　　　　　　➡　＿＿＿＿＿＿＿＿＿＿＿＿＿＿＿。

③ 公園・鳥　➡　＿＿＿＿＿＿＿＿＿＿＿＿＿。

　　　　　　➡　＿＿＿＿＿＿＿＿＿＿＿＿＿。

🌱새로운 단어 ┈┈┈

冷蔵庫(れ「いぞ」うこ) 냉장고　**水**(み「ず) 물　**研究室**(け「んきゅ」うしつ) 연구실　**公園**(こ「うえん) 공원　**鳥**(と「り) 새

위치 표현

「장소＋の＋위치/방향 명사」로 보다 구체적으로 장소를 나타낼 수 있다.

예 学校の 中(학교 안)

<ruby>上<rt>うえ</rt></ruby>	<ruby>下<rt>した</rt></ruby>	<ruby>中<rt>なか</rt></ruby>	<ruby>外<rt>そと</rt></ruby>	<ruby>前<rt>まえ</rt></ruby>	<ruby>後ろ<rt>うし</rt></ruby>	<ruby>右<rt>みぎ</rt></ruby>	<ruby>左<rt>ひだり</rt></ruby>	<ruby>隣<rt>となり</rt></ruby>	<ruby>横<rt>よこ</rt></ruby>	<ruby>間<rt>あいだ</rt></ruby>
위	아래, 밑	안	밖	앞	뒤	오른쪽	왼쪽	옆, 이웃	옆	사이

▶예문

> いすの 下に 犬が います。
>
> デパートの 前に 人が たくさん います。
>
> コンビニは 映画館の 隣に あります。

▶연습문제

보기　本棚・横・コピー機　→　本棚の 横に コピー機が あります。

① はこ・中・果物

→ _____ 。

② テーブル・上・花

→ _____ 。

③ 日本語の 先生と 英語の 先生・間・佐藤さん

→ _____ 。

🌱 **새로운 단어** ....

い「す 의자　た「くさん 많이　**映画館(え「いが「かん)** 영화관　**本棚(ほ「んだな)** 책장　**コピー機(こ「ぴ「ーき)** 복사기

果物(く「だ「もの) 과일　**テ「ーブル** 테이블　**花(は「な「)** 꽃

5 조수사

수량을 나타내는 말에 붙어 그 물건의 성질이나 형상을 나타낸다.

	~人 ~명	~歳 ~살	~個 ~개	~冊 ~권	~枚 ~장	~本 ~자루	~匹 ~마리	~階 ~층
1	ひとり	いっさい	いっこ	いっさつ	いちまい	いっぽん	いっぴき	いっかい
2	ふたり	にさい	にこ	にさつ	にまい	にほん	にひき	にかい
3	さんにん	さんさい	さんこ	さんさつ	さんまい	さんぼん	さんびき	さんがい
4	よにん	よんさい	よんこ	よんさつ	よんまい	よんほん	よんひき	よんかい
5	ごにん	ごさい	ごこ	ごさつ	ごまい	ごほん	ごひき	ごかい
6	ろくにん	ろくさい	ろっこ	ろくさつ	ろくまい	ろっぽん	ろっぴき	ろっかい
7	しちにん ななにん	ななさい	ななこ	ななさつ	ななまい	ななほん	ななひき	ななかい
8	はちにん	はっさい	はっこ	はっさつ	はちまい	はっぽん	はっぴき	はっかい
9	きゅうにん	きゅうさい	きゅうこ	きゅうさつ	きゅうまい	きゅうほん	きゅうひき	きゅうかい
10	じゅうにん	じゅっさい	じゅっこ	じゅっさつ	じゅうまい	じゅっぽん	じゅっぴき	じゅっかい
何	なんにん	なんさい	なんこ	なんさつ	なんまい	なんぼん	なんびき	なんがい

* 스무살: 20歳

▶예문

りんごを 1個 ください。

弟は 20歳です。

▶연습문제

보기 　鉛筆・5　→　鉛筆を 5本 ください。

① 日本語の 本・2　→ _____。

② 魚・3　　　　　　→ _____。

6 가족 호칭

자신의 가족을 남에게 말할 때는 낮추고, 타인의 가족을 말할 때는 높여서 표현한다.

	나의 가족	타인의 가족
할아버지	祖父 そふ	お祖父さん じい
할머니	祖母 そぼ	お祖母さん ばあ
아버지	父 ちち	お父さん とう
어머니	母 はは	お母さん かあ
삼촌 등	おじ	おじさん
고모 등	おば	おばさん
형, 오빠	兄 あに	お兄さん にい
누나, 언니	姉 あね	お姉さん ねえ
남동생	弟 おとうと	弟さん おとうと
여동생	妹 いもうと	妹さん いもうと
부모님	両親 りょうしん	ご両親 りょうしん
형제	兄弟 きょうだい	ご兄弟 きょうだい
가족	家族 かぞく	ご家族 かぞく

▶예문

木村(きむら)：お父さんは アメリカ人ですか。

ポール：いいえ、父は イギリス人です。

▶연습문제

보기 私の 母は 主婦(しゅふ)です。 → (山本(やまもと))山本さんの お母さんは 主婦です。

① 私の 祖父は 70歳です。 → (小林(こばやし)) _____ 。

② 私の 姉は 優(やさ)しいです。 → (伊藤(いとう)) _____ 。

③ 僕(ぼく)の 兄は 公務員(こうむいん)です。 → (中村(なかむら)) _____ 。

1 다음 그림을 보고 회화문을 만드세요. 　　　　　　　　　🔘 Track 07-02

> 보기
>
>
>
> 犬
>
> **A** 犬が 何匹 いますか。
>
> **B** 3匹 います。

①

テレビ

A _____ 。

B _____ 。

②

留学生

A _____ 。

B _____ 。

③

<ruby>写真<rt>しゃしん</rt></ruby>

A _____ 。

B _____ 。

④

かさ

A _____ 。

B _____ 。

🌱 새로운 단어 ....

写真(しゃ「しん) 사진

2 학습 내용을 활용하여 자유롭게 문장을 만드세요.

① 病院は _____ に あります。

② 机の 上に _____ 。

③ 私の 家族は _____ 人です。 _____ 。

3 주어진 단락을 읽어 보시오.

これは 私の 家族の 写真です。 3人家族です。 父と 母と 私です。 兄弟は いません。 私は 一人息子です。 父は 会社員です。 仕事が たくさん あります。 忙しいです。 母は 高校の 先生です。 優しくて、 料理が 上手です。 両親は ソウルに います。

4 다음 한국어를 일본어로 고치세요.

① 영화관은 어디에 있습니까? _____ 。

② 여동생은 일본에 있습니다. _____ 。

③ 백화점 앞에 사람이 많이 있습니다. _____ 。

④ 학교 안에 은행은 없습니까? _____ 。

⑤ 노트를 한 권 주세요. _____ 。

🌱 **새로운 단어** ....

一人息子(ひ「とりむ「すこ) 외아들 **高校(こ「うこう)** 고등학교(高等学校(こうとうがっこう)의 줄임말)

100

5 대화를 듣고 해당하는 그림을 고르세요.　　　　　　　　　　Track 07-03

①

( )　( )

②

( )

( )

③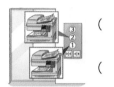

( )

( )

④

( )

( )

6 대화를 듣고 빈칸을 채우세요.　　　　　　　　　　Track 07-01

田中　　＿＿＿＿＿＿＿＿＿ に 郵便局が ありますか。

キム　　ええ、あります。食堂の ＿＿＿＿＿＿＿＿＿ に あります。

田中　　銀行も ありますか。

キム　　ええ、人文館の ＿＿＿＿＿＿ に あります。

　　　　校内には ATMも ＿＿＿＿＿ ありますよ。

田中　　本屋は どこに ありますか。

キム　　学校の 中には ＿＿＿＿＿＿＿＿ 。

　　　　学校の ＿＿＿＿＿ に あります。

田中　　そうですか。

キム　　ところで、田中さんは ＿＿＿＿＿＿ 家族ですか。

田中　　＿＿＿＿＿ 家族です。父と 母、それから 妹が＿＿＿＿＿＿ 。

　　　　キムさんは 何人家族ですか。

キム　　私も 4人家族ですが、妹は ＿＿＿＿＿＿ 。弟が います。

명사

사물

- ☐ ATM(エーティーエム)
- ☐ しけん(試験)
- ☐ つくえ(机)
- ☐ やくそく(約束)
- ☐ れいぞうこ(冷蔵庫)
- ☐ みず(水)
- ☐ いす
- ☐ ほんだな(本棚)
- ☐ コピーき(コピー機)
- ☐ テーブル
- ☐ しゃしん(写真)

동·식물

- ☐ いぬ(犬)
- ☐ ねこ(猫)
- ☐ き(木)
- ☐ ペット
- ☐ とり(鳥)
- ☐ くだもの(果物)
- ☐ はな(花)

사람

- ☐ なんにんかぞく(何人家族)
- ☐ きょうだい(兄弟)
- ☐ こいびと(恋人)
- ☐ おとうさん(お父さん)
- ☐ ちち(父)
- ☐ おかあさん(お母さん)
- ☐ そふ(祖父)
- ☐ そぼ(祖母)
- ☐ あね(姉)
- ☐ あに(兄)
- ☐ ひとりむすこ(一人息子)

장소

- ☐ たてもの(建物)
- ☐ ぎんこう(銀行)
- ☐ こうない(校内)
- ☐ りょう(寮)
- ☐ けんきゅうしつ(研究室)
- ☐ こうえん(公園)
- ☐ えいがかん(映画館)
- ☐ こうこう(高校)

위치

- ☐ なか(中)
- ☐ うしろ(後ろ)
- ☐ そと(外)
- ☐ した(下)
- ☐ まえ(前)
- ☐ となり(隣)
- ☐ よこ(横)
- ☐ うえ(上)
- ☐ あいだ(間)

조수사

- ☐ ～かい(階)
- ☐ ～だい(台)
- ☐ ～にん(人)

기타

- ☐ それから
- ☐ なにも(何も)
- ☐ だれも(誰も)
- ☐ たくさん
- ☐ はたち(20歳)

練習

漢字練習 ✏

験	験	験			
けん　試験					
族	族	族			
ぞく　家族					
写	写	写			
しゃ　写真					
真	真	真			
しん　写真					
恋	恋	恋			
こい　恋人					
約	約	約			
やく　約束					

カタカナ練習 ✏

テーブル	テーブル	
コピー	コピー	
ペット	ペット	

일본인의 성명

일본인의 성씨(名字)는 매우 많아 정확한 숫자는 알기가 어렵다.

2018년 일본 성씨 랭킹 TOP10은 다음과 같다. 다만 상위 10위까지 성씨의 인구를 합쳐도 전 인구의 약 10% 밖에 되지 않는다.

第1位	佐藤 (さとう)	第6位	渡辺 (わたなべ)
第2位	鈴木 (すずき)	第7位	山本 (やまもと)
第3位	高橋 (たかはし)	第8位	中村 (なかむら)
第4位	田中 (たなか)	第9位	小林 (こばやし)
第5位	伊藤 (いとう)	第10位	加藤 (かとう)

*「名字・名前・家系図／家紋ニュース」에서 인용

일본인 인명의 특징

① 일본인의 성씨는 지명, 지형, 직업명에서 유래된 경우가 많다.

　예 지명 : 福岡(ふくおか), 石川(いしかわ), 渋谷(しぶや)

　　 지형 : 大谷(おおたに), 小泉(こいずみ), 梅田(うめだ)

　　 직업 : 大蔵(おおくら), 庄司(しょうじ), 鵜飼(うかい/うがい)

② 성씨는 한자(漢字) 한 자에서 다섯 자까지 있는데, 보통 두 자나 세 자가 많다.

　예 井(い), 森(もり), 佐藤(さとう), 長谷川(はせがわ), 勅使河原(てしがわら), 勘解由小路(かでのこうじ)

③ 같은 한자라도 다르게 읽거나 탁음(濁音)의 유무가 다른 경우가 있다.

　예 河野(성씨) : こうの / かわの　　　　　　梶原(성씨) : かじわら / かじはら

　　 山崎(성씨) : やまさき / やまざき　真矢(이름) : まや / しんや

④ 읽는 법(読み)은 같아도 한자를 달리 쓰는 경우도 있다.

　예 さいとう(성씨) : 斎藤, 斉藤, 齋藤, 齊藤 등

　　 かずや(이름) : 和也, 一哉, 一也 등

⑤ 일본은 부부동성(夫婦同姓) 제도이기 때문에 부부는 같은 성씨를 사용하며, 여자가 결혼 후 남편의 성씨를 사용하는 경우가 많다. 결혼 전의 성씨를 구성(旧姓)이라고 하는데, 결혼 후 호적(戸籍) 상의 성씨가 바뀌어도 직장에서는 계속 구성(旧姓)을 사용하는 사람도 있다.

　예 鈴木 太郎(남자)와 小林 花子(여자)가 결혼 → 鈴木 太郎, 鈴木 花子(旧姓 小林)

第08課

<ruby>何<rt>なん</rt></ruby><ruby>時<rt>じ</rt></ruby>に <ruby>起<rt>お</rt></ruby>きますか。

학습목표

동작에 대한 동사를 이용한 표현을 이해하고 사용할 수 있다.

학습문형

1. <ruby>友<rt>とも</rt></ruby><ruby>達<rt>だち</rt></ruby>と <ruby>一<rt>いっ</rt></ruby><ruby>緒<rt>しょ</rt></ruby>に <ruby>勉<rt>べん</rt></ruby><ruby>強<rt>きょう</rt></ruby>します。 친구와 같이 공부합니다.
2. <ruby>私<rt>わたし</rt></ruby>は あまり <ruby>運<rt>うん</rt></ruby><ruby>動<rt>どう</rt></ruby>しません。 저는 그다지 운동하지 않습니다.
3. <ruby>図<rt>と</rt></ruby><ruby>書<rt>しょ</rt></ruby><ruby>館<rt>かん</rt></ruby>で <ruby>宿<rt>しゅく</rt></ruby><ruby>題<rt>だい</rt></ruby>を しました。 도서관에서 숙제를 했습니다.
4. <ruby>先<rt>せん</rt></ruby><ruby>週<rt>しゅう</rt></ruby>の <ruby>週<rt>しゅう</rt></ruby><ruby>末<rt>まつ</rt></ruby>は <ruby>映<rt>えい</rt></ruby><ruby>画<rt>が</rt></ruby>を <ruby>見<rt>み</rt></ruby>ませんでした。 지난주 주말은 영화를 보지 않습니다.
5. <ruby>映<rt>えい</rt></ruby><ruby>画<rt>が</rt></ruby>を <ruby>見<rt>み</rt></ruby>る <ruby>時<rt>じ</rt></ruby><ruby>間<rt>かん</rt></ruby>が ありませんでした。 영화를 볼 시간이 없었습니다.
6. <ruby>毎<rt>まい</rt></ruby><ruby>朝<rt>あさ</rt></ruby> 7<ruby>時<rt>じ</rt></ruby>に <ruby>起<rt>お</rt></ruby>きます。 매일 아침 7시에 일어납니다.

학습포인트

1. 동사 ます형 + ます ~ㅂ/습니다
2. 동사 ます형 + ません ~지 않습니다
3. 동사 ます형 + ました ~었/았습니다
4. 동사 ます형 + ませんでした ~지 않았습니다
5. 동사 기본형 + 명사 ~ㄹ/는 ~
6. 시간 표현

김연아와 다나카가 하루의 일과에 대하여 이야기하고 있다. Track 08-01

キム 田中さんは 毎朝 何時に 起きますか。

田中 いつも 7時に 起きます。

キム 授業が 朝 早いですか。

田中 いいえ、授業は 毎日 10時半からですが、その 前に 図書館で
韓国語を 勉強します。明日は 友だちと 一緒に 勉強します。

キム いいですね。じゃ、週末は 何を しますか。

田中 週末は 寮で 洗濯と 掃除を します。それから たいてい 映画を
見ますが、先週の 週末は 見ませんでした。

キム そうですか。

田中 宿題が たくさん ありました。それで、見る 時間が ありませんでした。

キム 勉強が 大変ですね。運動は しませんか。

田中 そうですね。私は あまり 運動しません。

キム 私は 週末に プールで 泳ぎます。夜は アルバイトを します。

田中 忙しいですね。

🌱 **새로운 단어** ···

起きる(お「き」る) 일어나다　**その前(そ「のま」え)** 그전　**一緒に(い「っしょに)** 같이, 함께　**〜で** 〜에서

韓国語(か「んこくご) 한국어　**〜を** 〜을/를　**す「る** 하다　**洗濯(せ「んた「く)** 세탁, 빨래　**掃除(そ「うじ)** 청소

た「いてい 대개　**見る(み「る)** 보다　**宿題(しゅ「くだい)** 숙제　**そ「れで** 그래서　**時間(じ「かん)** 시간

運動(う「んどう) 운동　**そうですね** 그래요, 그렇네요, 맞아요　**プール** 수영장　**泳ぐ(お「よ「ぐ)** 수영하다, 헤엄치다

1 동사의 분류

동사의 기본형은 모두 う단[–u]으로 끝난다. 활용에 따라 다음과 같이 3종류로 나누어진다.

1) 1그룹동사(5단동사)

1그룹동사의 어미로는「う、く、ぐ、す、つ、ぬ、ぶ、む、る」의 9가지가 있다.

예 買う、行く、泳ぐ、話す、待つ、死ぬ、呼ぶ、飲む、作る

2) 2그룹동사(상/하1단동사)

어미가 る[ru]로 끝나고 る 앞이 い단[–i]이나 え단[–e]인 동사

예 起きる、見る、食べる、寝る

3) 3그룹동사(불규칙동사)

활용이 불규칙한 동사

예 来る、する、勉強する、運動する

※ 예외 1그룹동사

형태는 2그룹동사의 특징도 가지고 있지만, 활용은 1그룹동사의 활용을 하는 동사

예 帰る、走る、入る、知る、切る、しゃべる

동사의 정중체 활용표

	긍정형	부정형
현재, 미래	〜ます (〜ㅂ/습니다)	〜ません (〜지 않습니다)
과거	〜ました (〜었/았습니다)	〜ませんでした (〜지 않았습니다)

* 의문문을 만들고자 할 때는 위의 형태 뒤에「か」를 붙이면 된다.

🌱 **새로운 단어** ···

買う(かう) 사다 行く(いく) 가다 話す(はなす) 이야기하다 待つ(まつ) 기다리다 死ぬ(しぬ) 죽다

呼ぶ(よぶ) 부르다, 초대하다 飲む(のむ) 마시다 作る(つくる) 만들다 帰る(かえる) 돌아오다, 돌아가다

走る(はしる) 달리다 入る(はいる) 들어가다 知る(しる) 알다 切る(きる) 자르다 しゃべる 떠들다

食べる(たべる) 먹다 寝る(ねる) 자다 来る(くる) 오다

1그룹동사 활용: [-u] ➜ [-i] + ます
2그룹동사 활용: る̶ + ます
3그룹동사 활용: 来る ➜ 来ます, する ➜ します

▶예문

> **1그룹동사** 買う → 買います、行く → 行きます
>
> **※ 예외 1그룹동사** 帰る → 帰ります、走る → 走ります
>
> **2그룹동사** 起きる → 起きます、食べる → 食べます
>
> **3그룹동사** 来る → 来ます、する → します

▶연습문제

보기 泳ぐ → 泳ぎます

① 話す → _____

② 待つ → _____

③ 寝る → _____

④ 運動する → _____

3 동사의 정중체 부정형 동사 ます형＋ません ～지 않습니다

동사 ます형＋ません

예 行く ➡ 行きます ➡ 行きません

▶예문

> 週末は 学校に 行きません。
> 高橋さんは 朝ご飯を 食べません。
> 月曜日は アルバイトを しません。

▶연습문제

> 보기 娘・本・読む ➡ 娘は 本を 読みません。

① 私・ラジオ・聞く ➡ _____。

② 母・映画・見る ➡ _____。

③ 弟・掃除・する ➡ _____。

🌱 **새로운 단어** ....

朝ご飯(あ「さご」はん) 아침 밥 娘(む「すめ」) 딸 読む(よ「む) 읽다 ラ「ジオ 라디오 聞く(き「く) 듣다

4 동사의 정중체 과거형 **동사 ます형＋ました** ～었/았습니다

동사 ます형＋ました
예 走る ➡ 走ります ➡ 走りました

▶예문

家から 駅まで 走りました。
留学生に 韓国語を 教えました。
10時まで 仕事を しました。

▶연습문제

보기 新しい くつ・買う ➡ <u>新しい くつを 買いました。</u>

① 料理・作る ➡ _____。

② 歴史の 本・借りる ➡ _____。

③ 野球・する ➡ _____。

5 동사의 정중체 과거부정형 **동사 ます형＋ませんでした** ～지 않았습니다

동사 ます형＋ませんでした
예 買う ➡ 買います ➡ 買いませんでした

▶예문

デパートで 何も 買いませんでした。
日曜日は 友だちに 会いませんでした。
先週は ゲームを しませんでした。

🌱 **새로운 단어** ··

～に 教える(おしえる) ～에게 가르치다　借りる(かりる) 빌리다　～に 会う(あう) ～을/를 만나다

▶연습문제

> **보기**　部屋(へや)・片付(かたづ)ける　→　部屋を 片付けませんでした。

① 友だち・パーティーに 呼(よ)ぶ　→　＿＿＿＿＿＿＿＿＿＿＿＿＿＿＿＿＿＿＿＿＿。

② 薬(くすり)・飲む　→　＿＿＿＿＿＿＿＿＿＿＿＿＿＿＿＿＿＿＿。

③ 英語(えいご)の 宿題・する　→　＿＿＿＿＿＿＿＿＿＿＿＿＿＿＿＿＿。

6 동사의 명사 수식형 동사의 기본형 + 명사 ～ㄹ/는 + 명사

동사의 기본형이 뒤에 오는 명사를 수식한다.

▶예문

> 朝ご飯を 食べる 時間
> お風呂(ふろ)に 入(はい)る 時間
> 新聞(しんぶん)を 読む 人(ひと)

▶연습문제

> **보기**　写真(しゃしん)を 撮(と)る・人　→　写真を 撮る 人

① 本を 借(か)りる・約束(やくそく)　→　＿＿＿＿＿＿＿＿＿＿＿＿＿＿＿＿

② 家(いえ)に 帰(かえ)る・時間　→　＿＿＿＿＿＿＿＿＿＿＿＿＿＿＿＿

③ バスに 乗(の)る・ところ　→　＿＿＿＿＿＿＿＿＿＿＿＿＿＿＿＿

🌱 **새로운 단어** ‥‥

片付ける(か「たづけ」る) 정리하다, 치우다　パーティー 파티　薬(く「すり)を 飲む(の」む) 약을 먹다

お風呂に 入る(お「ふ」ろに は」いる) 목욕하다　撮る(と」る) 찍다　～に 乗る(の」る) ～을/를 타다

7 시간 표현

「～に」(～에)는 동작, 작용이 이루어지는 시간(시각, 요일, 날짜, 연도, 계절명을 나타내는 명사)이나 행위가 미치게 되는 대상에 접속하는 조사로, 그 외에도 장소나 방향과 관련된 명사에 붙어 이동하고자 하는 목적지를 나타내기도 한다.

단, 시간을 나타내는 명사 중 昨日(어제), 今日(오늘), 明日(내일), 毎朝(매일 아침), 今朝(오늘 아침), 今週(이번 주), 今月(이번 달), 今年(올해), いつ(언제) 등에는 조사 「～に」를 붙일 수 없다.

▶예문

朝 7時に 薬を 飲みます。

日曜日に 友だちと 遊びました。

いつ 運動しますか。

▶연습문제

보기	何時・寝^ねる (11時) → A: 何時に 寝ますか。
	B: 11時に 寝ます。

① 何時・部屋・片付^{かた づ}ける (9時) → A: ＿＿＿＿＿＿＿＿＿＿＿＿＿＿＿＿＿ 。

　　　　　　　　　　　　　　　　　　　 B: ＿＿＿＿＿＿＿＿＿＿＿＿＿＿＿＿＿ 。

② 電車^{でんしゃ}・何時・来る (7時 15分) → A: ＿＿＿＿＿＿＿＿＿＿＿＿＿＿＿＿＿ 。

　　　　　　　　　　　　　　　　　　　 B: ＿＿＿＿＿＿＿＿＿＿＿＿＿＿＿＿＿ 。

③ いつ・映画館^{えい が かん}・行く (明日) → A: ＿＿＿＿＿＿＿＿＿＿＿＿＿＿＿＿＿ 。

　　　　　　　　　　　　　　　　　　　 B: ＿＿＿＿＿＿＿＿＿＿＿＿＿＿＿＿＿ 。

🌱 새로운 단어 ....

遊ぶ(あ「そぶ) 놀다

1 다음 보기와 같이 회화문을 만드세요.　🔘 Track 08-02

> 보기
>
> （今日・ドラマ・見る）
>
> 1) **A** 今日、ドラマを 見ますか。
>
> **B1** はい、見ます。
>
> **B2** いいえ、見ません。

> （昨日・先生・話す）
>
> 2) **A** 昨日、先生と 話しましたか。
>
> **B1** はい、話しました。
>
> **B2** いいえ、話しませんでした。

① 今週・木村さん・会う

A ＿＿＿＿＿＿＿＿＿＿＿＿＿＿＿＿＿＿＿＿＿＿。

B1 ＿＿＿＿＿＿＿＿＿＿＿＿＿＿＿＿＿＿＿＿＿。

B2 ＿＿＿＿＿＿＿＿＿＿＿＿＿＿＿＿＿＿＿＿＿。

② 先週・本・借りる

A ＿＿＿＿＿＿＿＿＿＿＿＿＿＿＿＿＿＿＿＿＿＿。

B1 ＿＿＿＿＿＿＿＿＿＿＿＿＿＿＿＿＿＿＿＿＿。

B2 ＿＿＿＿＿＿＿＿＿＿＿＿＿＿＿＿＿＿＿＿＿。

> 보기
>
> （今週の 日曜日 / デパート・行く）
>
> 1) **A** 今週の 日曜日は 何を しますか。
>
> **B** デパートに 行きます。

> （先週の 日曜日 / ジム・運動する）
>
> 2) **A** 先週の 土曜日は 何を しましたか。
>
> **B** ジムで 運動しました。

③ 明日
試験の 勉強・する

A ＿＿＿＿＿＿＿＿＿＿＿＿＿＿＿＿＿＿＿＿＿＿。

B ＿＿＿＿＿＿＿＿＿＿＿＿＿＿＿＿＿＿＿＿＿。

④ 昨日
家・休む

A ＿＿＿＿＿＿＿＿＿＿＿＿＿＿＿＿＿＿＿＿＿＿。

B ＿＿＿＿＿＿＿＿＿＿＿＿＿＿＿＿＿＿＿＿＿。

🌱 새로운 단어 ⋯⋯

ド ラマ 드라마　ジ ム 피트니스 센터　休む(や す む) 쉬다

2 자신의 하루 일과를 쓰세요.

私は ＿＿＿ 時に ＿＿＿＿＿＿＿＿＿＿＿＿＿＿＿＿ ます。
＿＿＿＿＿＿＿＿＿＿＿＿＿＿＿＿＿＿＿＿＿＿ ます。
＿＿＿＿＿＿＿＿＿＿＿＿＿＿＿＿＿＿＿＿＿＿ ます。
＿＿＿＿＿＿＿＿＿＿＿＿＿＿＿＿＿＿＿＿＿＿ ます。
＿＿＿＿＿＿＿＿＿＿＿＿＿＿＿＿＿＿＿＿＿＿ ます。

3 주어진 단락을 읽어 보세요.

私は いつも 7時に 起きます。7時 半に 朝ご飯を 食べます。8時に 自転車で 学校へ 行きます。授業は 午前 9時から 午後 3時 15分までです。それから 図書館で 日本語の 勉強を します。そして、家に 帰ります。7時に 夕ご飯を 食べます。夜は レポートを 書きます。毎日 12時に 寝ます。

4 다음 한국어를 일본어로 고치세요.

① 주말은 기숙사에서 빨래와 청소를 합니다.

＿＿＿＿＿＿＿＿＿＿＿＿＿＿＿＿＿＿＿＿＿＿＿＿。

② 약을 먹었습니까? ＿＿＿＿＿＿＿＿＿＿＿＿＿＿＿＿＿＿。

③ 어제는 버스를 타지 않았습니다. ＿＿＿＿＿＿＿＿＿＿＿＿。

④ 몇 시에 친구를 만나는 약속입니까? ＿＿＿＿＿＿＿＿＿＿＿＿＿。

⑤ 커피는 마시지 않습니다. ＿＿＿＿＿＿＿＿＿＿＿＿＿＿。

🌱 새로운 단어 ....

自転車(じ｢て｣んしゃ) 자전거 **そ｢して** 그리고 **夕ご飯**(ゆ｢うご｣はん) 저녁밥 **レ｢ポ｣ート** 리포트 **書く**(か｢く) 쓰다

5 대화를 듣고 그림과 일치하면 ○, 틀리면 X를 하세요. 🔘 Track 08-03

① ( )　② ( )　③ ( )　④ ( )

6 대화를 듣고 빈칸을 채우세요. 🔘 Track 08-01

> キム　田中さんは 毎朝 ＿＿＿＿＿＿＿ 起きますか。
>
> 田中　いつも ＿＿＿＿＿＿＿ 起きます。
>
> キム　授業が 朝 早いですか。
>
> 田中　いいえ、授業は 毎日 10時 半からですが、その 前に 図書館で
>
> 　　　韓国語を 勉強します。明日は ＿＿＿＿＿＿＿＿＿ 勉強します。
>
> キム　いいですね。じゃ、週末は 何を しますか。
>
> 田中　週末は 寮で 洗濯と 掃除を します。
>
> 　　　それから たいてい ＿＿＿＿＿＿＿＿＿＿＿＿、
>
> 　　　先週の 週末は ＿＿＿＿＿＿＿＿＿。
>
> キム　そうですか。
>
> 田中　宿題が たくさん ありました。
>
> 　　　それで、＿＿＿＿＿＿＿＿＿ が ありませんでした。
>
> キム　勉強が 大変ですね。運動は しませんか。
>
> 田中　そうですね。私は ＿＿＿＿＿＿＿＿＿＿＿＿＿。
>
> キム　私は 週末に プールで 泳ぎます。夜は アルバイトを します。
>
> 田中　忙しいですね。

동사

1그룹동사

- ☐ およぐ(泳ぐ)
- ☐ かう(買う)
- ☐ いく(行く)
- ☐ はなす(話す)
- ☐ まつ(待つ)
- ☐ しぬ(死ぬ)
- ☐ よぶ(呼ぶ)
- ☐ のむ(飲む)
- ☐ つくる(作る)
- ☐ かえる(帰る)
- ☐ はしる(走る)
- ☐ はいる(入る)
- ☐ しる(知る)
- ☐ きる(切る)
- ☐ しゃべる
- ☐ よむ(読む)
- ☐ きく(聞く)
- ☐ あう(会う)
- ☐ とる(撮る)
- ☐ のる(乗る)
- ☐ あそぶ(遊ぶ)
- ☐ やすむ(休む)
- ☐ かく(書く)

2그룹동사

- ☐ おきる(起きる)
- ☐ みる(見る)
- ☐ たべる(食べる)
- ☐ ねる(寝る)
- ☐ おしえる(教える)
- ☐ かりる(借りる)
- ☐ かたづける(片付ける)

3그룹동사

- ☐ くる(来る)
- ☐ する

명사

- ☐ かんこくご(韓国語)
- ☐ せんたく(洗濯)
- ☐ そうじ(掃除)
- ☐ しゅくだい(宿題)
- ☐ じかん(時間)
- ☐ うんどう(運動)
- ☐ プール
- ☐ あさごはん(朝ご飯)
- ☐ むすめ(娘)
- ☐ ラジオ
- ☐ パーティー
- ☐ くすり(薬)
- ☐ ドラマ
- ☐ ジム
- ☐ じてんしゃ(自転車)
- ☐ ゆうごはん(夕ご飯)
- ☐ レポート

조사

- ☐ ～で
- ☐ ～を

기타

- ☐ そのまえ(その前)
- ☐ 一緒に(いっしょに)
- ☐ たいてい
- ☐ それで
- ☐ そうですね
- ☐ くすりを のむ(薬を 飲む)
- ☐ おふろに はいる(お風呂に 入る)
- ☐ そして

練習

漢字練習 ✏

起	起	起				
お(きる)　起きる						
見	見	見				
み(る)　見る						
運	運	運				
うん　運動						
買	買	買				
か(う)　買う						
読	読	読				
よ(む)　読む						
休	休	休				
やす(む)　休む						

カタカナ練習 ✏

プール	プール	
パーティー	パーティー	
レポート	レポート	

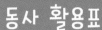

종류	기본형	ます형	ません형	ました형	ませんでした형
1그룹동사	買う	買います	買いません	買いました	買いませんでした
	行く	行きます	行きません	行きました	行きませんでした
	泳ぐ	泳ぎます	泳ぎません	泳ぎました	泳ぎませんでした
	話す	話します	話しません	話しました	話しませんでした
	待つ	待ちます	待ちません	待ちました	待ちませんでした
	死ぬ	死にます	死にません	死にました	死にませんでした
	呼ぶ	呼びます	呼びません	呼びました	呼びませんでした
	飲む	飲みます	飲みません	飲みました	飲みませんでした
	作る	作ります	作りません	作りました	作りませんでした
2그룹동사	見る	見ます	見ません	見ました	見ませんでした
	食べる	食べます	食べません	食べました	食べませんでした
3그룹동사	来る	来ます	来ません	来ました	来ませんでした
	する	します	しません	しました	しませんでした

<ruby>雪祭<rt>ゆきまつ</rt></ruby>りに <ruby>行<rt>い</rt></ruby>きたいです。

학습목표

동사의 ます형을 활용한 희망, 목적, 권유 등의 표현을 이해하고 사용할 수 있다.

학습문형

1. スープカレーが <ruby>食<rt>た</rt></ruby>べたいです。 스프카레를 먹고 싶습니다.
2. <ruby>日本<rt>にほん</rt></ruby>へ <ruby>遊<rt>あそ</rt></ruby>びに <ruby>行<rt>い</rt></ruby>きます。 일본으로 놀러 갑니다.
3. <ruby>北海道<rt>ほっかいどう</rt></ruby>で <ruby>会<rt>あ</rt></ruby>いませんか。 홋카이도에서 만나지 않겠습니까?
4. ジンギスカンを <ruby>食<rt>た</rt></ruby>べながら ビールを <ruby>飲<rt>の</rt></ruby>みます。 징기스칸을 먹으면서 맥주를 마십니다.

학습포인트

1. 동사ます형 + たいです ～고 싶습니다
2. 동사ます형/명사 + に 行きます ～(으)러 갑니다
3. 동사ます형 + ませんか/ましょう ～지 않겠습니까/～(으)ㅂ시다
4. 동사ます형 + ながら ～(으)면서

김연아와 다나카가 겨울방학 계획에 대해 이야기하고 있다.

◎ Track 09-01

田中 キムさん、今度の 冬休みに 何を しますか。

キム 私は 日本へ 遊びに 行きます。

田中 そうですか。私も 日本に 帰ります。

　　 日本の どこに 行きたいですか。

キム 北海道の 雪祭りに 行きたいです。

田中 私も 雪祭りに 行きたいです。北海道で 会いませんか。

キム いいですね。ぜひ 会いましょう。連絡します。

田中 北海道で 食べたい ものは ありませんか。

キム そうですね。ジンギスカンと スープカレーが 食べたいです。

田中 じゃ、一緒に ジンギスカンを 食べに 行きませんか。

キム ええ、そうしましょう。ジンギスカンを 食べながら、

　　 ビールを 飲みましょう。

🌱 **새로운 단어** ....

今度(こ￣んど) 이번　**冬休み(ふ￣ゆや￣すみ)** 겨울 방학　**〜へ** 〜(으)로　**北海道(ほ￣っか￣いどう)** 홋카이도, 북해도

雪祭り(ゆ￣きま￣つり) 눈 축제　**連絡する(れ￣んらくする)** 연락하다　**ぜ￣ひ** 꼭　**ジ￣ンギ￣スカン** 징기스칸(양고기를 이용

한 일본의 불고기 요리)　**ス￣ープカ￣レー** 스프카레(국물이 있는 카레로, 밥에 국물을 적셔 먹는다)　**そ￣うする** 그렇게 하다

ビール 맥주

文法·文型練習

1 동사 ます형 + たいです ～고 싶습니다

「～たい」는 어떤 행동을 하고 싶다는 화자의 희망을 표현하거나 상대방에 희망을 물을 때 쓰인다. 정중형은 「～たいです」이며 イ형용사와 같이 활용한다. 「～が ～たい」,「～を ～たい」 둘 다 쓰인다.

▶예문

> A: 誰に 会いたいですか。 B: 母に 会いたいです。
> A: どこへ 行きたいですか。 B: 渋谷へ 行きたいです。
> A: 何が 食べたいですか。
> B: すしが 食べたいです。 / 何も 食べたく ありません。

▶연습문제

| 보기 | 海に 行く → 海に 行きたいです。 |

① 水を 飲む → ＿＿＿＿＿＿＿＿＿＿＿＿＿＿＿＿＿ 。

② スキーを する → ＿＿＿＿＿＿＿＿＿＿＿＿＿＿＿＿＿ 。

③ 一日中 寝る → ＿＿＿＿＿＿＿＿＿＿＿＿＿＿＿＿＿ 。

🌱 **새로운 단어** ·······

渋谷(し「ぶや) 시부야　ス「キ」ーを する 스키를 타다　一日中(い「ちにちじゅう) 하루종일

2 동사ます형/명사 + に 行きます ～(으)러 갑니다

동사ます형/명사(旅行, 登山, 散歩, スキー 등) + に + 이동 동사(行く, 来る, 帰る 등)
의 문형으로 이동의 목적을 표현한다.

▶예문

映画を 見に 行きます。
友だちに 会いに 来ました。
デパートへ 買い物に 行きます。

▶연습문제

보기　遊ぶ・行く　→　遊びに 行きます。

① 本を 借りる・行く　→ _____ 。

② レポートを 取る・帰る　→ _____ 。

③ 散歩・行く　→ _____ 。

🌱 새로운 단어 ....

買い物(か「いもの) 쇼핑　旅行(りょ「こう) 여행　登山(と「ざん) 등산　散歩(さ「んぽ) 산책　取る(と「る) 들다, 가지다

122

3 동사 ます형 + ませんか/ましょう ～지 않겠습니까/～(으)ㅂ시다

상대방에 권유할 때 쓰이는 표현이다.

▶예문

A: 運動場を 走りませんか。　　　B: いいですね。一緒に 走りましょう。 A: 一緒に 先生に 会いに 行きませんか。　B: いいですね。行きましょう。 A: お昼は うどんを 食べませんか。　B: いいですね。そうしましょう。

▶연습문제

보기
音楽を 聞く　→　A: 音楽を 聞きませんか。
　　　　　　　　　　B: いいですね。聞きましょう。

① 映画を 見る

→　A: ＿＿＿＿＿＿＿＿＿＿＿＿＿＿＿＿＿。

　　B: ＿＿＿＿＿＿＿＿＿＿＿＿＿＿＿＿＿。

② 富士山に 登る

→　A: ＿＿＿＿＿＿＿＿＿＿＿＿＿＿＿＿＿。

　　B: ＿＿＿＿＿＿＿＿＿＿＿＿＿＿＿＿＿。

③ 図書館で 勉強する

→　A: ＿＿＿＿＿＿＿＿＿＿＿＿＿＿＿＿＿。

　　B: ＿＿＿＿＿＿＿＿＿＿＿＿＿＿＿＿＿。

🌱 새로운 단어 ⋯⋯

運動場(う￢んどうじょう) 운동장　**お昼**(お￢ひ￢る) 점심밥, 점심시간　**う￢どん** 우동　**音楽**(お￢んがく) 음악

富士山(ふ￢じさん) 후지산　**登る**(の￢ぼる) 오르다, 올라가다

4 동사 ます형 + ながら ～(으)면서

두 동작이 동시에 진행될 때 쓰이는 표현이다.

▶예문

CDを 聞きながら 日本語を 勉強します。
テレビを 見ながら ご飯を 食べます。
友だちと 散歩しながら 話します。

▶연습문제

보기　ケーキを 食べる・コーヒーを 飲む

　→　ケーキを 食べながら コーヒーを 飲みます。

① ゲームを する・おやつを 食べる

　→ _____ 。

② 歩く・電話を する

　→ _____ 。

③ 歌を 歌う・料理を 作る

　→ _____ 。

🌱 새로운 단어 ···

散歩する(さ⌐んぽする) 산책하다　**ケーキ** 케이크　**お⌐や⌐つ** 간식　**歩く**(あ⌐る⌐く) 걷다　**電話**(で⌐んわ) 전화
歌を 歌う(う⌐た⌐を う⌐たう) 노래를 부르다

1 다음 보기와 같이 회화문을 만드세요. 🔘 Track 09-02

보기

1)　休み
日本、遊ぶ

A 今度の 休みに 何を しますか。

B 日本へ 遊びに 行きます。一緒に 行きませんか。

A いいですね。/ 今度の 休みは ちょっと……。

① 土曜日（どようび）
デパート、映画を 見る

A ＿＿＿＿＿＿＿＿＿＿＿＿＿＿＿＿＿＿＿＿＿。

B ＿＿＿＿＿＿＿＿＿＿＿＿＿＿＿＿＿＿＿＿＿。

A ＿＿＿＿＿＿＿＿＿＿＿＿＿＿＿＿＿＿＿＿＿。

② 日曜日（にちようび）
ソウル、友だちに 会う

A ＿＿＿＿＿＿＿＿＿＿＿＿＿＿＿＿＿＿＿＿＿。

B ＿＿＿＿＿＿＿＿＿＿＿＿＿＿＿＿＿＿＿＿＿。

A ＿＿＿＿＿＿＿＿＿＿＿＿＿＿＿＿＿＿＿＿＿。

보기

2)　ラーメンを 食べる

A 今（いま）、何が 一番（いちばん） したいですか。

B ラーメンが 食べたいです。

③ ゆっくり 休む

A 今、何が 一番 したいですか。

B ＿＿＿＿＿＿＿＿＿＿＿＿＿＿＿＿＿＿＿。

④ 日本の ドラマを 見る

A 今、何が 一番 したいですか。

B ＿＿＿＿＿＿＿＿＿＿＿＿＿＿＿＿＿＿＿。

🌱 **새로운 단어**

休み(や⌐すみ⌐) 휴일, 쉬는 날, 휴가　**ち⌐ょっと** 좀　**ラ⌐ーメン** 라면　**ゆ⌐っく⌐り** 천천히, 푹

2 학습 내용을 활용하여 자유롭게 문장을 만드세요.

① デパートへ _____ に 行きます。

② 今度、一緒に _____ ませんか。

③ 私は 今、_____ たいです。

④ _____ ながら _____ ます。

3 주어진 단락을 읽어 보세요.

今度の 夏休みは、友だちと 大阪へ 旅行に 行きます。ユニバーサルスタジオに 遊び
に 行きたいです。そして、夜は ビールを 飲みながら 花火を 見たいです。温泉にも
入りたいです。それから、すしや お好み焼きや たこ焼きが 食べたいです。写真も た
くさん 撮りたいです。

4 다음의 한국어를 일본어로 고치세요.

① 일본으로 공부하러 가고 싶습니다. _____ 。

② 산책하면서 음악을 듣습니다. _____ 。

③ 지금 무엇을 먹고 싶습니까? _____ 。

④ 토요일 7시에 백화점 앞에서 만나지 않겠습니까?

_____ 。

⑤ 같이 사진을 찍읍시다. _____ 。

🌱 **새로운 단어**

大阪(お「おさか) 오사카 **ユ「ニバーサルスタ「ジオ** 유니버설 스튜디오 **花火(は「なび)** 꽃놀이 **温泉(お「んせん)** 온천
〜や 〜이(나) **お好み焼き(お「このみやき)** 오코노미야키 **たこ焼き(た「こやき)** 타코야키

5 대화를 듣고 해당하는 그림을 고르세요.

◎ Track 09-03

① (　　) ② (　　) ③ (　　) ④ (　　)

6 대화를 듣고 빈칸을 채우세요.

◎ Track 09-01

田中　キムさん、今度の 冬休みに 何をしますか。

キム　私は 日本へ 遊びに 行きます。

田中　そうですか。私も 日本に 帰ります。

　　　日本の どこに _____。

キム　北海道の 雪祭りに _____。

田中　私も 雪祭りに _____。

　　　北海道で _____。

キム　いいですね。ぜひ _____。連絡します。

田中　北海道で _____ ものは ありませんか。

キム　そうですね。ジンギスカンと スープカレーが _____。

田中　じゃ、一緒に ジンギスカンを _____。

キム　ええ、そうしましょう。

　　　ジンギスカンを _____、

　　　ビールを _____。

単語チェック

동사

1그룹동사
- ☐ とる(取る)
- ☐ のぼる(登る)
- ☐ あるく(歩く)
- ☐ うたう(歌う)

3그룹동사
- ☐ れんらくする(連絡する)
- ☐ さんぽする(散歩する)

명사
- ☐ こんど(今度)
- ☐ ふゆやすみ(冬休み)
- ☐ ゆきまつり(雪祭り)
- ☐ スキー
- ☐ いちにちじゅう(一日中)
- ☐ かいもの(買い物)
- ☐ りょこう(旅行)
- ☐ とざん(登山)
- ☐ さんぽ(散歩)
- ☐ うんどうじょう(運動場)
- ☐ おひる(お昼)
- ☐ おんがく(音楽)
- ☐ でんわ(電話)
- ☐ やすみ(休み)
- ☐ ユニバーサルスタジオ
- ☐ はなび(花火)
- ☐ おんせん(温泉)

지명
- ☐ ほっかいどう(北海道)
- ☐ しぶや(渋谷)
- ☐ ふじさん(富士山)
- ☐ おおさか(大阪)

음식
- ☐ ジンギスカン
- ☐ スープカレー
- ☐ ビール
- ☐ うどん
- ☐ ケーキ
- ☐ おやつ
- ☐ ラーメン
- ☐ おこのみやき(お好み焼き)
- ☐ たこやき(たこ焼き)

부사
- ☐ ぜひ
- ☐ ちょっと
- ☐ ゆっくり

조사
- ☐ ～へ
- ☐ ～や

기타
- ☐ そうする
- ☐ うたを うたう(歌を 歌う)
- ☐ スキーを する

128

漢字練習 ✏️

祭	祭	祭			
まつ(り) 祭り					
旅	旅	旅			
りょ 旅行					
場	場	場			
じょう 運動場					
昼	昼	昼			
ひる お昼					
楽	楽	楽			
がく 音楽					
泉	泉	泉			
せん 温泉					

カタカナ練習 ✏️

スキー	スキー	
ケーキ	ケーキ	
ラーメン	ラーメン	

일본 고전예능

일본 고전예능 중 歌舞伎, 能에 대하여 살펴보자.

歌舞伎는 17세기 초의 江戸시대부터 전해지는 일본의 전통 연극 중에서 가장 인기가 많다. 원래 배우는 남녀 모두 가능했지만 점차 남성 배우만 공연하게 되었고, 이 전통은 지금까지 이어지고 있다.

가부키의 내용은 역사적 사건과 남녀 간의 갈등을 다룬다. 배우들은 단조로운 목소리로 대사를 읊으며, 일본 전통 악기로 반주한다. 배우들은 가면을 쓰지 않으며 역사적 인물은 화려한 의상을, 일반인들은 평복을 입고, 隈取り라는 독특한 화장법으로 배역의 성격을 표현한다.

대표적인 작품에는 江戸시대에 억울하게 죽은 주군을 위해 복수를 벌이는 무사의 이야기를 다룬 「忠臣藏」와 18세기 초 大阪에서 일어난 남녀 동반자살사건을 극화한 「曾根崎心中」를 들 수 있다.

能는 일본에서 가장 오래된 무대예술로, 가면을 이용하는 독특한 양식의 가무극이다. 본래 흉내 내기를 주로 했던 우스꽝스러운 재주라는 의미였는데, 이것을 현재의 能에 가까운 형태로 발전시킨 것이 観阿弥(1338~1384)와 아들 世阿弥(1367~1443)이다. 그 후 서서히 발전하여 江戸시대 중기에 지금과 같은 형태가 되었다. 현재에도 변화와 발전을 계속하고 있지만, 각본은 당시의 것을 그대로 사용하고 있다.

악기는 피리, 소고(小鼓), 대고(大鼓), 태고(太鼓)의 4종류로 편성되는데, 때로는 태고가 빠지는 3종류로 편성되기도 한다. 能는 신, 무사, 미녀, 이루지 못한 욕망으로 광란한 인간 등을 주인공으로 한 내용으로, 오늘날 공연할 수 있는 작품은 약 240편이다.

歌舞伎

能

朝ご飯は 食べない 日が 多いです。

학습목표

① 동사의 ない형을 활용한 부정 표현을 이해하고 사용할 수 있다.

② 이유 표현을 이해하고 사용할 수 있다.

학습문형

① 朝ご飯は 食べない 日が 多いです。 아침밥은 먹지 않는 날이 많습니다.

② 乗らない ほうが いいですよ。 타지 않는 편이 좋습니다.

③ お酒は たくさん 飲まないで ください。 술은 많이 마시지 마세요.

④ 遅れますから、早く 行きましょう。 늦으니까 빨리 갑시다.

학습포인트

① 동사 ない형 + 명사 ~지 않는 ~

② 동사 ない형 + ほうが いいです ~지 않는 편이 좋습니다

③ 동사 ない형 + で ください ~하지 마세요

④ ~から ~(이/으)니까, ~때문에

점심시간, 한국 요리를 먹으러 가기 위해 만난 김연아와 다나카가
버스를 기다리고 있다.

⊚ Track 10-01

田中　キムさん、朝ご飯は 食べましたか。

キム　いいえ、朝ご飯は 食べない 日が 多いです。

　　　田中さんは 食べましたか。

田中　はい。でも、私の 周りにも 食べない 人が 多いですね。

キム　そうですか。田中さんは、韓国料理は よく 食べますか。

田中　はい。辛い 料理が 好きです。

　　　辛い 料理を 食べながら、お酒を 飲みます。

キム　そうですか。お酒は たくさん 飲まないで くださいね。

　　　体に よく ありませんから。

田中　そうします。あ、バスが 来ました。乗りましょうか。

キム　あれは 店の 近くに 止まらない バスですから、

　　　乗らない ほうが いいですよ。

田中　あ、本当ですね。

🌱 **새로운 단어**

日(ひ) 날, 일　でも 그러나(구어체)　周り(ま わり) 주위　よ く 잘, 자주　お酒(お さけ) 술　体(か らだ) 몸

近く(ち かく) 근처　止まる(と まる) 멈추다　本当(ほ んとう) 정말, 진짜

1 동사 ない형 + 명사 ~지 않는 ~

ない형(부정형)은 그 모습 그대로 명사를 수식한다.

동사 ない형

1그룹동사: [−u] ➡ [−a] + ない
예 行く ➡ 行かない　会う ➡ 会わない

2그룹동사: [ru] + ない
예 見る ➡ 見ない

3그룹동사
예 来る ➡ 来ない　する ➡ しない

▶예문

> テストの 前は 寝ない 日が 多いです。
> 運動しない 人は 太ります。
> たばこを 吸う 人も 吸わない 人も います。

▶연습문제

> 보기 　住所・わかる・人　➡　住所が わからない 人

① 犬の 散歩・する・日　➡　_____

② 学校・行く・日　➡　_____

③ 朝ご飯・食べる・人　➡　_____

🌱 **새로운 단어** ···

前(まえ) 전　太る(ふとる) 살찌다　たばこを 吸う(すう) 담배를 피우다　住所(じゅうしょ) 주소

~が わかる ~을/를 알다, 이해하다

「~ほうが いい」는 가까운 미래에 대한 충고를 나타내는 표현이다.

~하는 편이 좋습니다 ➡ 「동사 た형 + ほうが いいです」 ※12과 참고

▶예문

> 夜遅く 電話を かけない ほうが いいです。
>
> まだ 帰らない ほうが いいです。
>
> 約束の 時間に 遅れない ほうが いいです。

▶연습문제

> 보기 　たばこ・吸う　➡　たばこは(を) 吸わない ほうが いいです。

① ぼうし・かぶる　➡　_____。

② この ニュース・田中さんに 言う

　　　　　➡　_____。

③ 重い かばん・持つ　➡　_____。

🌱 새로운 단어 ··

夜遅く(よ「る お「そく) 밤 늦게　**電話(でんわ)を か「け」る** 전화를 걸다　**ま「だ** 아직　**遅れる(お「くれる)** (일정한 시간보
다) 늦다, 늦어지다　**ぼ「うしを か「ぶ」る** 모자를 쓰다　**ニュ「ース** 뉴스　**言う(い「う)** 말하다　**持つ(も「つ)** 들다, 가지다

134

3 동사 ない형 + で ください ～하지 마세요

상대방에 대하여 부정의 부탁이나 명령을 할 때 쓰인다.

～해 주세요 ➡ 「동사 て형 + ください」 ※11과 참고

▶예문

> 病院では 携帯電話を 使わないで ください。
> 授業中に 寝ないで ください。
> ここから 動かないで ください。

▶연습문제

> 보기　病院・走る ➡ 病院で 走らないで ください。

① 大きい 声・話す ➡ ＿＿＿＿＿＿＿＿＿＿＿＿＿＿＿ 。

② 窓・開ける ➡ ＿＿＿＿＿＿＿＿＿＿＿＿＿＿＿ 。

③ ここ・遊ぶ ➡ ＿＿＿＿＿＿＿＿＿＿＿＿＿＿＿ 。

🌱 새로운 단어

使う(つ「かう) 사용하다　～中(ちゅ「う) ～중　動く(う「ご」く) 움직이다　声(こ「え) 목소리　窓(ま」ど) 창문

開ける(あ「ける) 열다

4 ～から ～(이/으)니까, ～때문에

조사「～から」는 명사+です, 형용사, 동사의 정중형 및 보통형(※13과 참고) 뒤에 위치하여, 원인이나 이유를 나타낸다.

▶예문

昨日は 休みでしたから、パクさんは 学校に 来ませんでした。

風が 強いですから、ぼうしを かぶらない ほうが いいです。

バスの 時間に 遅れますから、早く 行きましょう。

▶연습문제

보기 今日は 日曜日・勉強しない

→ 今日は 日曜日ですから、勉強しません。

① 明日は 雨・散歩しない

→ ＿＿＿＿＿＿＿＿＿＿＿＿＿＿＿＿＿＿＿＿ 。

② 歌が 苦手だ・カラオケに 行かない

→ ＿＿＿＿＿＿＿＿＿＿＿＿＿＿＿＿＿＿＿＿ 。

③ 私が 電話を かける・大丈夫だ

→ ＿＿＿＿＿＿＿＿＿＿＿＿＿＿＿＿＿＿＿＿ 。

🌱 새로운 단어 ·······································

風(かぜ) 바람　強い(つよい) 강하다　早く(はやく) 빨리　雨(あめ) 비　カラオケ 노래방

大丈夫だ(だいじょうぶだ) 괜찮다

1 다음 보기를 보고 회화문을 만드세요.　　　　　🔘 Track 10-02

> \boxed{\text{보기}}
>
> | 朝ご飯 食べる | **A** 毎日、朝ご飯を 食べますか。 |
> | | **B** 朝ご飯を 食べる 日も、食べない 日も あります。 |

① シャワー 浴びる

A ＿＿＿＿＿＿＿＿＿＿＿＿＿＿＿＿＿＿＿。

B ＿＿＿＿＿＿＿＿＿＿＿＿＿＿＿＿＿＿＿。

② カフェ 行く

A ＿＿＿＿＿＿＿＿＿＿＿＿＿＿＿＿＿＿＿。

B ＿＿＿＿＿＿＿＿＿＿＿＿＿＿＿＿＿＿＿。

③ ゲーム する

A ＿＿＿＿＿＿＿＿＿＿＿＿＿＿＿＿＿＿＿。

B ＿＿＿＿＿＿＿＿＿＿＿＿＿＿＿＿＿＿＿。

④ 両親に 電話 かける

A ＿＿＿＿＿＿＿＿＿＿＿＿＿＿＿＿＿＿＿。

B ＿＿＿＿＿＿＿＿＿＿＿＿＿＿＿＿＿＿＿。

2 학습 내용을 활용하여 자유롭게 문장을 만드세요.

① ＿＿＿＿＿＿＿＿＿＿＿＿＿＿＿＿ ない 人も います。

② ここでは ＿＿＿＿＿＿＿＿＿＿＿＿＿ ない ほうが いいです。

③ 試験中は ＿＿＿＿＿＿＿＿＿＿＿＿ ないで ください。

④ ＿＿＿＿＿＿＿＿＿ から、＿＿＿＿＿＿＿＿＿。

🌱 **새로운 단어** ……………………………………………………………………………………………………

シャ¬ワーを 浴びる(あ¬びる) 샤워를 하다　カ¬フェ 카페

3 주어진 단락을 읽어 보세요.

　　日本は 台風が 多い 国です。台風が 一番 多い 時期は 8月と 9月です。雨が 入りますから、窓を 開けない ほうが いいです。台風で 雨と 風が とても 強い 日は、電車も 止まります。外に 出ない ほうが いいです。危ないですから、海や 川には 行かないで ください。注意しましょう。

4 다음 한국어를 일본어로 고치세요.

① 커피를 마시지 않는 사람도 있습니다.

_____。

② 밤늦게 전화를 걸지 않는 편이 좋습니다.

_____。

③ 병원에서 달리지 마세요.　_____。

④ 이 영화는 재미있으니까 같이 보러 가지 않겠습니까?

_____。

⑤ 담배는 몸에 좋지 않으니까 피우지 않은 편이 좋습니다.

_____。

🌱 **새로운 단어** ··

台風(た「いふ」う) 태풍　**国(く「に)** 나라　**時期(じ「き)** 시기　**出る(で「る)** 나가다, 나오다

川(か「わ「) 강　**危ない(あ「ぶな「い)** 위험하다　**注意する(ちゅ「ういする)** 주의하다

138

5 대화를 듣고 해당하는 그림을 고르세요.

Track 10-03

①

(   )   (   )

②

(   )   (   )

③

(   )   (   )

④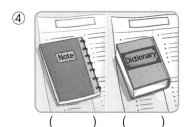

(   )   (   )

6 대화를 듣고 빈칸을 채우세요.

Track 10-01

田中	キムさん、朝ご飯は 食べましたか。
キム	いいえ、朝ご飯は ＿＿＿＿＿＿＿＿ 多いです。
	田中さんは 食べましたか。
田中	はい。でも、私の 周りにも ＿＿＿＿＿＿＿＿ 多いですね。
キム	そうですか。田中さんは、韓国料理は よく 食べますか。
田中	はい。辛い 料理が 好きです。
	辛い 料理を ＿＿＿＿＿＿＿＿、お酒を 飲みます。
キム	そうですか。お酒は たくさん ＿＿＿＿＿＿＿＿＿＿ ね。
	＿＿＿＿＿＿＿＿＿＿ から。
田中	そうします。あ、＿＿＿＿＿＿＿＿。乗りましょうか。
キム	あれは 店の 近くに ＿＿＿＿＿＿＿＿＿＿ から、
	＿＿＿＿＿＿＿＿ いいですよ。
田中	あ、本当ですね。

동사

1그룹동사
- ☐ とまる(止まる)
- ☐ ふとる(太る)
- ☐ すう(吸う)
- ☐ わかる
- ☐ かぶる
- ☐ いう(言う)
- ☐ もつ(持つ)
- ☐ つかう(使う)
- ☐ うごく(動く)

2그룹동사
- ☐ かける
- ☐ おくれる(遅れる)
- ☐ あける(開ける)
- ☐ あびる(浴びる)
- ☐ でる(出る)

3그룹동사
- ☐ ちゅういする(注意する)

ㅣ형용사
- ☐ つよい(強い)
- ☐ あぶない(危ない)

ナ형용사
- ☐ 大丈夫だ(だいじょうぶだ)

부사
- ☐ よく
- ☐ よるおそく(夜遅く)
- ☐ まだ
- ☐ はやく(早く)

명사
- ☐ ひ(日)
- ☐ まわり(周り)
- ☐ おさけ(お酒)
- ☐ からだ(体)
- ☐ ほんとう(本当)
- ☐ ちかく(近く)
- ☐ まえ(前)
- ☐ じゅうしょ(住所)
- ☐ ニュース
- ☐ こえ(声)
- ☐ まど(窓)
- ☐ かぜ(風)
- ☐ あめ(雨)
- ☐ カラオケ
- ☐ カフェ
- ☐ たいふう(台風)
- ☐ くに(国)
- ☐ じき(時期)
- ☐ かわ(川)

기타
- ☐ でも
- ☐ たばこを すう(吸う)
- ☐ でんわ(電話)を かける
- ☐ ぼうしを かぶる
- ☐ ～ちゅう(中)
- ☐ シャワーを あびる(浴びる)

練習

漢字練習 ✎

持	持	持			
も(つ)／持つ					
開	開	開			
あ(ける)／開ける					
遅	遅	遅			
おく(れる)／遅れる					
動	動	動			
うご(く)／動く					
窓	窓	窓			
まど／窓					
声	声	声			
こえ／声					

カタカナ練習 ✎

シャワー	シャワー	
カフェ	カフェ	
ニュース	ニュース	

일본의 연도 표기

한국을 비롯한 많은 나라에서는 서력(西曆)에 따라 연도를 표시하나, 일본에서는 서력뿐만 아니라, 천황(天皇)이 바뀜에 따라 함께 바뀌는 연호(年号, 元号)를 和曆로 사용하기도 한다. 예를 들어 「2018年」은 「平成30年」이라고 표기한다. 「平成」는 2018년 당시 천황 대의 연호(1989년 1월 8일~2019년 4월 30일)로, 2019년 5월부터 새 천황이 즉위함에 따라 연호는 「令和」로 바뀌었다. 새 연호가 된 연도는 元年이라고 하며, 2019년 5월 1일부터 12월 31일까지는 「令和 元年」으로 표기한다.

일본은 645년부터 계속 연호를 사용하였고, 「令和」까지 248개의 연호가 존재한다. 연호를 정하는 기준이 되는 한자로는, 국민의 이상으로서 적합한 의미를 가지며, 한자 두 자로 된 읽기 쉬운 것을 채용하고 있다. 예를 들어 「平成」는 '집안이 평온하고 세상도 평화롭고 안정되어 있다'는 것을 의미하고, 「令和」는 '사람들이 아름답게 마음을 서로 모으면 문화가 태어나고 자란다'는 것을 의미한다.

외국인이 일본에서 서류를 쓸 때도 예외는 아니다. 연호가 알파벳 한 자로 표시되어 있는 경우는 로마자 표기의 첫 문자를 사용한 것으로, 예를 들어 「R」은 「令和」, 「H」는 「平成」를 나타낸다. 본인의 생년월일, 신청 날짜 등을 쓸 때 2000년생은 「平成12年(H12年)」, 2020년은 「令和 2 年(R2年)」으로 적어야 하는 때도 있으므로 당황하지 말자.

또한 일본어로 年度는 4월부터 시작하는 학교나 관공서 등에서 쓰이는 연도를 가리키며, 平成30年度(2018年度)는 2018년 4월부터 2019년 3월까지를 말한다. 따라서 年인지 年度인지 주의하여 사용해야 한다.

근현대의 연호 일람

연호	알파벳	연도
明治 (めいじ)	M	1868년~1912년(45년)
大正 (たいしょう)	T	1912년~1926년(15년)
昭和 (しょうわ)	S	1926년~1989년(65년)
平成 (へいせい)	H	1989년~2019년(31년)
令和 (れいわ)	R	2019년~

今、何を して いますか。

いま なに

학습목표

1 동사 て형을 이용하여 진행과 상태를 표현할 수 있다.
2 동사 て형을 이용하여 공손한 부탁을 할 수 있다.

학습문형

1 ユーチューブを 見て います。 유튜브를 보고 있습니다.
2 運転免許を 持って いません。 운전면허를 갖고 있지 않습니다.
3 飲み物は 持って 来て ください。 마실 것은 가져오세요.

학습포인트

1 동사 て형 + います ~하고 있습니다 〈진행〉
2 동사 て형 + いません ~하고 있지 않습니다 〈상태〉
3 동사 て형 + ください ~해 주십시오

김연아가 다나카에게 전화를 걸어 드라이브 약속을 하고 있다.

🔘 Track 11-01

キム 今、何を して いますか。

田中 ユーチューブを 見て います。

キム そうですか。明日、海雲台に ドライブに 行きませんか。

田中 キムさん、車を 持って いますか。

キム 私は 運転免許を 持って いません。
　　　知り合いの 先輩の 車で 行きます。

田中 あ、そうですか。いいですね。

キム じゃ、朝9時に、大学の 前で 会いましょう。

田中 はい。

キム お弁当は 私が 準備します。飲み物は 持って 来て ください。

田中 わかりました。楽しみです。

🌱 **새로운 단어** ....

今(い「ま) 지금　**ユ「ーチュ「ーブ** 유튜브　**ド「ライブ** 드라이브　**運転(う「んてん)** 운전　**免許(め「んきょ)** 면허

知り合い(し「りあい) 지인, 아는 사람　**先輩(せ「んぱい)** 선배　**お弁当(お「べんとう)** 도시락

準備する(じゅ「んびする) 준비하다　**飲み物 (の「み「もの)** 마실 것, 음료

持って 来る(も「って く「る) 가져오다　**楽しみです(た「のし「みです)** 기대됩니다

144

文法·文型練習

1 동사 て형

1그룹 동사

① 어미「う、つ、る」→ ～って

예 買う →買って　持つ →持って　作る →作って

② 어미「ぬ、ぶ、む」→ ～んで

예 死ぬ →死んで　飛ぶ →飛んで　読む →読んで

③ 어미「く、ぐ」→ ～いて / いで

예 書く → 書いて　泳ぐ → 泳いで　*예외 行く →行って(○) 行いて(×)

④ 어미「す」→ ～して

예 話す → 話して

2그룹 동사

예 食べる → 食べて　見る → 見て

3그룹 동사

예 する → して　来る → 来て

▶ 연습문제

보기　教える　→　教えて

① 飲む　→ ＿＿＿＿＿＿　　④ 歌う　　　→ ＿＿＿＿＿＿

② 走る　→ ＿＿＿＿＿＿　　⑤ 寝る　　　→ ＿＿＿＿＿＿

③ 聞く　→ ＿＿＿＿＿＿　　⑥ 運動する → ＿＿＿＿＿＿

2 동작의 현재 진행 **동사 て형 + います/いません** ~하고 있습니다/하고 있지 않습니다

「동사 て형 + います」는 '~하고 있습니다'라는 현재 진행을 나타낸다.
부정형은 「~て いません(~하고 있지 않습니다)」이다.

▶예문

父は ピアノを 弾いて います/弾いて いません。
今、中国語を 勉強して います/勉強して いません。
駅で 友達を 待って います/待って いません。

▶연습문제

> 보기 　絵・描く (○) → 絵を 描いて います。
> 　　　本・読む (×) → 本を 読んで いません。

① 荷物・運ぶ (○) 　→ _____ 。

② コーヒー・飲む (×) → _____ 。

③ ロボット・作る (×) → _____ 。

3 동작의 반복 · 습관 **동사 て형 + います/いません** ~하고 있습니다/하고 있지 않습니다

「동사 て형 + います」는 항상 반복적으로 하는 습관에 대해 말할 때도 쓰인다.

🪴 **새로운 단어** ··

弾く(ひ「く) 치다　絵(え) 그림　描く(か「く/え「が「く) 그리다　荷物(に「もつ) 짐　運ぶ(は「こぶ) 옮기다

ロ「ボット 로봇　ピ「アノ 피아노

146

▶예문

> 毎日 歯を 磨いて います。
> まいにち は みが
> 毎朝 7時に 起きて います。
> まいあさ お
> 休みの 日も 家で 休んで いません。
> やす ひ いえ やす

▶연습문제

> 보기　毎晩・ヨガ・する　→　毎晩 ヨガを して います。
> まいばん

① 毎週・日本語・習う　→　＿＿＿＿＿＿＿＿＿＿＿＿＿＿＿＿＿＿＿＿＿＿＿。
　 まいしゅう にほんご なら

② 毎月・雑誌・買う　→　＿＿＿＿＿＿＿＿＿＿＿＿＿＿＿＿＿＿＿＿＿＿＿。
　 まいつき ざっし

③ 毎日・キムチ・食べる　→　＿＿＿＿＿＿＿＿＿＿＿＿＿＿＿＿＿＿＿＿＿＿＿。
　 まいにち

4 변화의 결과·상태의 지속 **동사 て형 + います/いません** ～해 있습니다, ～했습니다/～해 있지 않습니다, ～하지 않았습니다

「동사 て형 + て います」는 결과·상태의 지속도 나타낼 수 있다.

▶예문

> 教室の 窓が 開いて います/開いて いません。
> きょうしつ まど あ
> 先生は やせて います/やせて いません。
> せんせい
> ソウルに 住んで います/住んで いません。
> す
> 宿題は もう 終わって います/まだ 終わって いません。
> しゅくだい お
> この 歌手の 名前を 知って います/知りません。
> かしゅ なまえ し
> ＊「知って います(압니다)」의 부정형: 「知りません(모릅니다)」

🌱 **새로운 단어** ···

歯(は ̄) 치아, 이　**磨く(み ̄がく)** 닦다　**ヨ ̄ガ** 요가　**習う(な ̄ら ̄う)** 배우다　**や ̄せる** 살이 빠지다

や ̄せて いる 날씬하다, (몸이) 말랐다　**開く(あ ̄く)** 열리다　**住む(す ̄む)** 살다　**も ̄う** 이미, 벌써　**終わる(お ̄わる)** 끝나다

▶연습문제

보기	祖母・白い シャツ・着る (○) → 祖母は 白い シャツを 着て います。
	加藤さん・立つ (×) → 加藤さんは 立って いません。

① ドア・閉まる (○)　　→ ＿＿＿＿＿＿＿＿＿＿＿＿＿＿＿＿＿。

② 兄・太る (×)　　→ ＿＿＿＿＿＿＿＿＿＿＿＿＿＿＿＿＿。

③ 姉・結婚する (○)　　→ ＿＿＿＿＿＿＿＿＿＿＿＿＿＿＿＿＿。

④ 祖父・メガネ・かける (×)　→ ＿＿＿＿＿＿＿＿＿＿＿＿＿＿＿＿。

⑤ 妹・ズボン・はく (○)　　→ ＿＿＿＿＿＿＿＿＿＿＿＿＿＿＿＿。

5 동사 て형 + ください ~해 주십시오

화자가 상대방에게 공손한 부탁이나 요청을 할 때 쓰인다.

▶예문

もう 少し 急いで ください。
そこに 座って ください。

▶연습문제

보기	ゆっくり・歩く → ゆっくり 歩いて ください。

① 少し・休む　→ ＿＿＿＿＿＿＿＿＿＿＿＿＿＿＿＿＿＿。

② 窓・開ける　→ ＿＿＿＿＿＿＿＿＿＿＿＿＿＿＿＿＿＿。

③ 靴・脱ぐ　→ ＿＿＿＿＿＿＿＿＿＿＿＿＿＿＿＿＿＿。

🌱 **새로운 단어** ....

立つ(た⌐つ) 서다　ド⌐ア 문　閉まる(し⌐ま⌐る) 닫히다　結婚する(け⌐っこんする) 결혼하다

メ⌐ガネを か⌐け⌐る 안경을 쓰다　ズ⌐ボン 바지　履く(は⌐く) 치마, 바지 등을 입다, 신다

もう 少し(も⌐う すこ⌐し) 조금 더　急ぐ(い⌐そ⌐ぐ) 서두르다　座る(す⌐わ⌐る) 앉다　脱ぐ(ぬ⌐ぐ) 벗다

1 다음 그림을 보고 회화문을 만드세요. 🔘 Track 11-02

보기

はしもと
橋本
歩く(×) 走る(○)

A <u>橋本さん</u>は <u>歩いて</u> いますか。

B いいえ。<u>歩いて</u> いません。<u>走って</u> います。

---

①

パク
寝る(×) 勉強を する(○)

A _____。

B _____。

②

は せ がわ
長谷川
ピアノを 弾く(×) 絵を 描く(○)

A _____。

B _____。

③

にい
お兄さん
さん ぽ　　　　　　　　　の
散歩を する(×) バイクに 乗る(○)

A _____。

B _____。

④

キム
太る(×) やせる(○)

A _____。

B _____。

⑤

へ や
部屋の窓
開く(×) 閉まる(○)

A _____。

B _____。

🌱 **새로운 단어** ···

バイク(ば↗いく) 모터바이크, 오토바이

2 학습 내용을 활용하여 자유롭게 문장을 만드세요.

① 私は _____ います。

② 私は 毎日 _____ います。

③ 私は いつも _____ います。

3 주어진 단락을 읽어 보세요.

今日の 授業は 休講です。それで、駅前の カフェで コーヒーを 飲んで います。この 店の コーヒーは おいしいですから、よく 来て います。注文を 待って いる 人も 多いです。今、雪が 降って います。とても 寒いです。コートを 着て いる 人も 多いです。

4 다음 한국어를 일본어로 고치세요.

① 아직 집에 안 들어왔습니다.   _____。

② 서둘러 주세요.   _____。

③ 남동생은 어머니 옆에 앉아 있습니다.   _____。

④ 지금 그림을 배우고 있습니다.   _____。

🌱 **새로운 단어** ···

休講(きゅうこう) 휴강 **駅前**(えきまえ) 역 앞 **注文**(ちゅうもん) 주문 **雪**(ゆき) 눈 **降る**(ふる) 내리다

コート 코트

5 대화를 듣고 ～て형의 진행과 상태 중 해당하는 내용을 고르세요.

Track 11-03

① 진행 / 상태
( )　( )

② 진행 / 상태
( )　( )

③ 진행 / 상태
( )　( )

④ 진행 / 상태
( )　( )

6 대화를 듣고 빈칸을 채우세요.

Track 11-01

キム　　今 何を ＿＿＿＿＿＿＿＿＿＿＿＿＿＿。

田中　　ユーチューブを ＿＿＿＿＿＿＿＿＿＿＿＿＿＿。

キム　　そうですか。

　　　　明日、海雲台に ドライブに 行きませんか。

田中　　キムさん、車を 持っていますか。

キム　　私は 運転免許を ＿＿＿＿＿＿＿＿＿＿＿＿＿＿＿＿＿＿。

　　　　知り合いの 先輩の 車で 行きます。

田中　　あ、そうですか。いいですね。

キム　　じゃ、朝 9時、大学の 前で 会いましょう。

田中　　はい。

キム　　お弁当は 私が 準備します。

　　　　飲み物は ＿＿＿＿＿＿＿＿＿＿＿＿＿＿＿＿＿＿＿＿＿＿。

田中　　わかりました。楽しみです。

동사

1그룹동사

- ☐ ひく(弾く)
- ☐ かく/えがく(描く)
- ☐ はこぶ(運ぶ)
- ☐ みがく(磨く)
- ☐ ならう(習う)
- ☐ あく(開く)
- ☐ すむ(住む)
- ☐ おわる(終わる)
- ☐ たつ(立つ)
- ☐ しまる(閉まる)
- ☐ はく(履く)
- ☐ いそぐ(急ぐ)
- ☐ すわる(座る)
- ☐ ぬぐ(脱ぐ)
- ☐ ふる(降る)

2그룹동사

- ☐ やせる

3그룹동사

- ☐ じゅんびする(準備する)
- ☐ もって くる(持って 来る)
- ☐ けっこんする(結婚する)

부사

- ☐ もう
- ☐ もう すこし(もう 少し)

명사

- ☐ いま(今)
- ☐ ユーチューブ
- ☐ ドライブ
- ☐ うんてん(運転)
- ☐ めんきょ(免許)
- ☐ しりあい(知り合い)
- ☐ せんぱい(先輩)
- ☐ おべんとう(お弁当)
- ☐ のみもの(飲み物)
- ☐ え(絵)
- ☐ にもつ(荷物)
- ☐ ロボット
- ☐ は(歯)
- ☐ ピアノ
- ☐ ヨガ
- ☐ ドア
- ☐ ズボン
- ☐ バイク
- ☐ きゅうこう(休講)
- ☐ えきまえ(駅前)
- ☐ ちゅうもん(注文)
- ☐ ゆき(雪)
- ☐ コート

기타

- ☐ たのしみです(楽しみです)
- ☐ やせて いる
- ☐ めがねを かける

練習

漢字練習 🖊

来	来	来				
く(る) ｜ 来る						
習	習	習				
なら(う) ｜ 習う						
座	座	座				
すわ(る) ｜ 座る						
絵	絵	絵				
え ｜ 絵						
降	降	降				
ふ(る) ｜ 降る						
急	急	急				
いそ(ぐ) ｜ 急ぐ						

カタカナ練習 🖊

ドライブ	ドライブ	
ロボット	ロボット	
ズボン	ズボン	

일본의 전통시 俳句_{はいく}

　전통시가에 대한 일본인의 각별한 애정은 열도라는 지역성과 풍토성에 근간을 둔다. 신화와 종교에서 출발한 和歌_{わか}는 중국의 한시(漢詩_{かんし})와 대비되는 일본 고유의 노래로 탄생했다. 현존하는 와카집(和歌集_{しゅう}) 가운데 가장 오래된 『万葉集_{まんようしゅう}』(759)는 문학적 가치뿐만 아니라 고대 한국과 일본의 삶의 양식을 파악할 수 있는 귀중한 역사적 자료이기도 하다. 和歌는 短歌_{たんか}·長歌_{ちょうか}·旋頭歌_{せどうか}·仏足石歌体_{ぶっそくせきかたい} 등 음수율에 따라 다양한 양식을 포함하는 용어였으나 이후 음수율 5·7·5·7·7의 5구 31자의 短歌_{たんか} 양식이 일본의 정형시를 대표하게 되었다.

　중세에 들어 和歌는 과도기적 連歌_{れんが} 시대를 거쳐 근세에 이르러 俳諧連歌_{はいかい}, 곧 俳諧의 양식으로 독립한다. 근대 이후 종래의 진부한 俳諧를 반성하고 지나친 기교를 거부하며 사생미의 회복을 주장한 正岡 子規_{まさおかしき}에 의해 俳句_{はいく}라는 새 옷으로 갈아입었다.

　오늘날 俳句는 여전히 일본의 역사와 더불어 시작된 和歌의 계보를 잇고 있는 중요한 언어예술이다. 특히 자연과 인생을 노래하는 俳句는 계절을 나타내는 시어가 약속된 교양이다. 17자로 구성된 5·7·5의 음수율은 축소 지향적 일본의 특성을 상징하며, 또한 세계에서 가장 짧은 단시형 문학이기도 하다. 대표적인 俳句는 松尾 芭蕉_{まつおばしょう}(1644~1694)의 작품을 들 수 있다.

古池_{ふるいけ}や 蛙飛_{かわずと}びこむ 水_{みず}の音_{おと}
오래된 연못 개구리 뛰어들어 나는 물소리

　芭蕉는 俳句 작품 속에 시인의 개입을 철저히 부인한다. 俳句는 특정한 해답을 구하는 것보다는 삶에 대한 질문만 던질 뿐이다. 우리가 물리적으로 체험하는 삶과 죽음의 경계를 반성하며 잠적해 버린 진실을 추구하는 근본 이념 さび의 본질을 묻고 있다. 俳句를 통해 차분함과 고요함의 정취를 추구하려는 미의식의 세계를 끊임없이 제공하고 있다.

第
12
課

<ruby>映画館<rt>えい が かん</rt></ruby>に 行った ことが
ありますか。

학습목표

과거의 이야기 및 경험을 전하거나 조언을 할 때의 표현을 이해하고 사용할 수 있다.

학습문형

① <ruby>映画館<rt>えい が かん</rt></ruby>に <ruby>行<rt>い</rt></ruby>った ことが ありますか。 영화관에 간 적이 있습니까?

② チケットは <ruby>予約<rt>よ やく</rt></ruby>した ほうが いいです。 표를 예약하는 편이 좋습니다.

③ 映画は とても おもしろかったです。 영화는 매우 재미있었습니다.

④ <ruby>昔<rt>むかし</rt></ruby>は <ruby>好<rt>す</rt></ruby>きじゃ ありませんでした。 옛날은 좋아하지 않았습니다.

⑤ とても <ruby>人気<rt>にん き</rt></ruby>でした。 매우 인기였습니다.

학습포인트

① 동사 た형 + ことが あります ~한 적이 있습니다

② 동사 た형 + ほうが いいです ~하는 편이 좋습니다

③ イ형용사 어간 + かったです/く ありませんでした(なかったです) ~했습니다/~하지 않았습니다

④ ナ형용사 어간 + でした/じゃ ありませんでした(なかったです) ~했습니다/~하지 않았습니다

⑤ 명사 + でした/じゃ ありませんでした(なかったです) ~이었습니다/~이 아니었습니다

会話

회화

연아가 어제 영화관에서 봤던 한국영화에 대해 다나카와 이야기하고 있다.

 Track 12-01

キム 田中さん、韓国の 映画館に 行った ことが ありますか。

田中 もちろん ありますよ。

キム そうですか。昨日、友だちと ホラー映画を 見に 行きました。

それが とても おもしろかったです。

田中 タイトルは 何ですか。

キム 「コンジアム」と いう 映画です。

田中 聞いた ことが あります。私も 見に 行きたいなあ。

キム ホラー映画が 好きですか。

田中 昔は 好きじゃ ありませんでしたが、今は 好きです。

キム ぜひ 見て ください。あ、チケットは
予約した ほうが いいですよ。とても 人気でしたから。

🌱 새로운 단어 ....

も「ち」ろん 물론 **ホラー映画(ホ「ラーえ」いが)** 공포영화 **タ「イトル** 타이틀, 제목 **～という** 라고 하는

～なあ/な ～구나, ～이군 **昔(む「かし)** 옛날 **チ「ケット** 티켓 **予約する(よ「やくする)** 예약하다 **人気(に「んき)** 인기

 156

文法・文型練習

1 동사 た형 + ことが あります ～한 적이 있습니다

「동사 た형(과거형) + ことが あります」는 경험을 표현한다.

동사 た형

1그룹 동사

① 어미 「う、つ、る」 ➜ ～った

[예] 買う ➜ 買った　持つ ➜ 持った　作る ➜ 作った

② 어미 「ぬ、ぶ、む」 ➜ ～んだ

[예] 死ぬ ➜ 死んだ　飛ぶ ➜ 飛んだ　読む ➜ 読んだ

③ 어미 「く、ぐ」 ➜ ～いた / いだ

[예] 書く ➜ 書いた　泳ぐ ➜ 泳いだ　＊예외 行く ➜ 行った(○) 行いた(×)

④ 어미 「す」 ➜ ～した

[예] 話す ➜ 話した

2그룹 동사

[예] 食べる ➜ 食べた　見る ➜ 見た

3그룹 동사

[예] する ➜ した　来る ➜ 来た

▶예문

たばこを 吸った ことが あります。

テニスを した ことが あります。

▶연습문제

[보기] 日本語・新聞・買う ➜ 日本語の 新聞を 買った ことが あります。

① 高橋先生・授業・聞く ➜ _____ 。

② イタリア語・歌・歌う ➜ _____ 。

🌱 **새로운 단어** ....

テニス 테니스　イタリア語(イ「タリアご) 이탈리아어

2 동사 た형 + ほうが いいです ～하는 편이 좋습니다

「～た ほうが いいです」는 가까운 미래에 대한 충고를 나타낸다.

▶예문

> 水を 飲んだ ほうが いいです。
> 部屋を 片づけた ほうが いいです。

▶연습문제

| 보기 | 少し・休む → 少し 休んだ ほうが いいです。 |

① 先輩・メール・書く → _____ 。

② 先生・相談する → _____ 。

③ 毎日・日記・付ける → _____ 。

3 イ형용사 과거형 イ형용사 어간 + かったです ～했습니다
과거부정형 イ형용사 어간 + く なかったです / ありませんでした
～하지 않았습니다

イ형용사 어간에 「かった」를 조합하여 과거를 표현하며, 정중체는 「かったです」이다.
イ형용사 어간에 「～く なかった」를 조합하여 과거부정을 표현하며, 정중체는 두 가지 형태가 있는데 「～く なかったです」에 비해 「～く ありませんでした」가 보다 정중한 느낌을 준다.

예 おいしい ➔ おいしかった ➔ おいしかったです
　　　　 ➔ おいしく ない ➔ おいしく なかった
　　　　 ➔ おいしく なかったです/おいしく ありませんでした

🌱 새로운 단어 ···

メール 메일 相談する(そうだんする) 상담하다 日記を 付ける(にっきを つける) 일기를 쓰다

158

▶예문

あまり 人が 多く ありませんでした。
先週の パーティーは 楽しかったです。

▶연습문제

보기

あの ラーメン・辛い

→ あの ラーメンは 辛かったです / 辛く ありませんでした。

① 自転車・高い

→ _____ / _____ 。

② 芸能人・多い

→ _____ / _____ 。

③ 日本の 冬・暖かい

→ _____ / _____ 。

🌱새로운 단어 ···

芸能人(げ「いの「うじん) 연예인 暖かい(あ「たたか「い) (날씨가) 따뜻하다

4 ナ형용사 과거형 **ナ형용사 어간 + でした** ~했습니다

과거부정형 **ナ형용사 어간 + じゃ なかったです/ありませんでした** ~하지 않았습니다

ナ형용사 어간에 「だった」를 조합하여, 형용사의 과거를 표현하며, 정중체는 「でした」이다. ナ형용사 어간에 「じゃ なかった」를 조합하여 과거부정을 표현하며, 정중체는 두 가지 형태가 있는데 「~じゃ なかったです」에 비해 「~じゃ ありませんでした」가 보다 정중한 느낌을 준다.

예 きれいだ ➡ きれいだった ➡ きれいでした

　　 ➡ きれいじゃ ない ➡ きれいじゃ なかった

　　 ➡ きれいじゃ なかったです / きれいじゃ ありませんでした

▶예문

> 昔、勉強は 好きじゃ ありませんでした。
> 日曜日の 図書館は 静かでした。

▶연습문제

보기　町・にぎやかだ

➡　町は にぎやかでした / にぎやかじゃ ありませんでした。

① その 店員・まじめだ

➡ ＿＿＿＿＿＿＿＿＿＿ / ＿＿＿＿＿＿＿＿＿＿。

② 祖母・ピアノ・上手だ

➡ ＿＿＿＿＿＿＿＿＿＿ / ＿＿＿＿＿＿＿＿＿＿。

③ あの ホテル・静かだ

➡ ＿＿＿＿＿＿＿＿＿＿ / ＿＿＿＿＿＿＿＿＿＿。

🌱 새로운 단어 ···

店員(て「んいん) 점원　**ホ**「**テル** 호텔

5 명사 과거형 **명사 +** でした ~이었습니다

　　과거부정형 **명사 +** じゃ なかったです/ありませんでした ~아니었습니다

명사에「だった」를 조합하여, 명사의 과거를 표현하며, 정중체는「でした」이다.

명사에「じゃ なかった」를 조합하여 과거부정을 표현하며, 정중체는 두 가지 형태가 있는데「~じゃ なかったです」에 비해「~じゃ ありませんでした」가 보다 정중한 느낌을 준다.

> **예** 雨だ → 雨だった → 雨でした
>
> 　　　→ 雨じゃ ない → 雨じゃ なかった
>
> 　　　→ 雨じゃ なかったです / 雨じゃ ありませんでした

▶예문

> 週末は 雨でした。
>
> 私は 去年、大学生じゃ ありませんでした。高校生でした。

▶연습문제

> **보기** ここ・駅 → ここは 駅でした / 駅じゃ ありませんでした。

① 昨日・晴れ

→ ＿＿＿＿＿＿＿＿＿＿＿＿ / ＿＿＿＿＿＿＿＿＿＿＿＿。

② 先週・試験

→ ＿＿＿＿＿＿＿＿＿＿＿＿ / ＿＿＿＿＿＿＿＿＿＿＿＿。

③ 日曜日・デート

→ ＿＿＿＿＿＿＿＿＿＿＿＿ / ＿＿＿＿＿＿＿＿＿＿＿＿。

🌱 **새로운 단어** ┈┈┈

晴れ(は「れ) 하늘이 갬, 날씨가 좋음　**デート** 데이트

応用練習

1 다음 그림을 보고 회화문을 만드세요.

1)

去年の 冬：暖かい
今年の 冬：寒い

A 去年の 冬は 寒かったですか。

B 今年の 冬より 暖かかったです。

①

スーパーの 野菜：高い
デパートの 野菜：安い

A _____。

B _____。

2)

キムチを 漬ける ×

A キムチを 漬けた ことが ありますか。

B いいえ。漬けた ことが ありません。

②

着物を 着る ×

A _____。

B _____。

③

日本へ 行く ×

A _____。

B _____。

🌱 **새로운 단어** ···

野菜(や「さい) 야채 **漬ける(つ「ける)** 담그다 **着物(き「もの)** 기모노

162

보기

3)

A のどが いたいです。

B 温かい お茶を 飲んだ ほうが いいですよ。

のどが 痛い
温かい お茶を 飲む

④

A _____。

B _____。

眠い
早く 寝る

⑤

A _____。

B _____。

お腹が 痛い
病院に 行く

🌱 **새로운 단어** ···

の゙ど 목 痛い(い゙だい) 아프다 温かい(あ゙たたがい) (음식 등이) 따뜻하다 眠い(ね゙むい) 졸리다

お腹(お゙なか) 배

2 학습 내용을 활용하여 자유롭게 문장을 만드세요.

① 私は _____ ことが あります.

② _____ でした.

③ _____ かったです.

④ 私は 幼い ころ, _____ 。

3 주어진 단락을 읽어 보세요.

日本で ミュージカルを 見た ことが あります. 歌も ダンスも とても すてきでした. 日本語が 難しかったですが、ぜひ また 見に 行きたいです. お客さんが 多かったですから、チケットは インターネットで 予約した ほうが いいです.

4 다음 한국어를 일본어로 고치세요.

① 운동하는 편이 낫습니다.   _____ 。

② 게임 잡지를 읽은 적이 있습니다.   _____ 。

③ 저 가게는 맛있었습니다.   _____ 。

④ 저 호텔은 조용했습니다.   _____ 。

⑤ 어제는 친구의 생일이었습니다.   _____ 。

🌱 새로운 단어 ┄┄

幼い(おさない) 어리다 幼いころ(おさないころ) 어릴 적 ミュージカル 뮤지컬 ダンス 댄스
インターネット 인터넷 お客さん(おきゃくさん) 손님

5 대화를 듣고 내용에 해당하는 그림을 고르세요.   Track 12-03

① (　　　)　　　② (　　　)　　　③ (　　　)　　　④ (　　　)

6 대화를 듣고 빈칸을 채우세요.   Track 12-01

キム	田中さん、韓国の ＿＿＿＿＿＿＿＿＿＿ ことが ありますか。
田中	もちろん ありますよ。
キム	そうですか。昨日、友だちと ホラー映画を 見に 行きました。
	それが とても ＿＿＿＿＿＿＿＿＿＿＿＿ 。
田中	タイトルは 何ですか。
キム	「コンジアム」 という 映画です。
田中	＿＿＿＿＿＿＿＿＿＿ が あります。私も 見に 行きたいなあ。
キム	ホラー映画が 好きですか。
田中	昔は ＿＿＿＿＿＿＿＿＿＿＿＿＿＿ が、今は 好きです。
キム	ぜひ 見て ください。
	あ、チケットは ＿＿＿＿＿＿ た ほうが いいですよ。
	とても 人気でしたから。

동사

2그룹동사

☐ つける(付ける)

☐ つける(漬ける)

3그룹동사

☐ よやくする(予約する)

☐ そうだんする(相談する)

イ형용사

☐ あたたかい(暖かい)

☐ あたたかい(温かい)

☐ ねむい(眠い)

☐ いたい(痛い)

☐ おさない(幼い)

부사

☐ もちろん

명사

☐ タイトル

☐ ホラーえいが(ホラー映画)

☐ むかし(昔)

☐ チケット

☐ にんき(人気)

☐ テニス

☐ イタリアご(イタリア語)

☐ メール

☐ にっき(日記)

☐ げいのうじん(芸能人)

☐ てんいん(店員)

☐ ホテル

☐ はれ(晴れ)

☐ デート

☐ やさい(野菜)

☐ きもの(着物)

☐ のど

☐ おなか(お腹)

☐ ミュージカル

☐ ダンス

☐ インターネット

☐ おきゃくさん(お客さん)

기타

☐ ～という

☐ ～なあ/な

☐ にっきを つける(日記を 付ける)

☐ おさない ころ(幼い ころ)

練習

漢字練習 🖎

眠	眠	眠			
ねむ(い) 眠い					
野	野	野			
や 野菜					
暖	暖	暖			
あたた(かい) 暖かい					
痛	痛	痛			
いた(い) 痛い					
幼	幼	幼			
おさな(い) 幼い					
画	画	画			
が 映画					

カタカナ練習 🖎

タイトル	タイトル	
チケット	チケット	
インターネット	インターネット	

일본의 연중행사

正月 양력 1월 1일~7일. 한 해의 시작을 축하한다. 친구와 지인들에게 연하장(年賀状)을 보내거나, 신사와 절을 신년 처음으로 방문하고 참배하는 初詣에 가거나 하는 풍습이 있다.

ひな祭り 3월 3일. 여자아이들의 행복과 성장을 비는 날로 다이아몬드 모양의 떡(ひし餅)를 먹고 전통복을 입은 ひな人形라는 인형을 꾸민다.

彼岸 춘분(3월 21일경) 및 추분(9월 23일경)을 중심으로 7일간, 가족의 묘를 찾아 성묘하고 조상을 기억한다.

花見 벚꽃놀이. 3월 말~4월 초에 벚꽃이 피면 꽃놀이 소풍을 간다. 노점(屋台)이 서고, 전통 문화행사 등과 함께 축제와 같이 꽃놀이를 즐긴다.

子供の日 5월 5일 어린이날. 남자아이가 건강하게 잘 자라기를 빌면서 기둥에 잉어 모양의 천을 매어두는 鯉のぼり를 장식하기도 한다.

七夕 7월 7일. 여름의 연례행사로 견우와 직녀가 만나는 날을 기념한다. 정원 등에 잎이 달린 대나무 가지에 소원을 적은 종이를 매달아 장식한다.

花火大会 여름이 되면 일본 각지에서 불꽃축제가 열린다. 시즌에는 전통의상인 浴衣를 입고 불꽃놀이를 보러 가는 사람들을 곳곳에서 볼 수 있다.

お盆 8월 13일~15일, 지역에 따라서는 7월 13일~15일로 조상의 영혼을 환영하고 공양하는 날. 이 기간에 많은 회사와 상점들이 휴가로 문을 닫는다.

七五三 11월 15일에 아이들의 성장을 바라는 행사. 남자는 3살과 5살, 여자는 3살과 7살이 되는 해에 빔을 입고 신사에 가서 참배한다.

ひな人形

鯉のぼり

歌を 歌ったり、作った 料理を 販売したり します。

학습목표

여러 동작의 예시, 생각이나 가능한 것을 전하는 표현을 이해하고 사용할 수 있다.

학습문형

① 歌を 歌ったり、料理を 販売したり します。 노래를 부르거나, 음식을 판매하거나 합니다.

② おととい 送った 手紙が、もう 届きました。 그저께 보낸 편지가 벌써 도착했습니다.

③ 5時には 行く ことが できると 思います。 5시에는 갈 수 있을 것 같습니다.

④ 留学生も 参加する ことが できますか。 유학생도 참가할 수 있습니까?

학습포인트

① 동사 た형+り、동사 た형+り します ～하기도 하고(하거나) ～합니다

② 동사 た형+명사 ～한, ～했던

③ 보통형+と 思います ～고 생각합니다

④ 명사+が できます/동사 기본형+ことが できます ～를 할 수 있습니다/～할 수 있습니다

부산대학교에서 열리는 축제 포스터를 보고 다나카와 김연아가
이야기를 나누고 있다.

🔘 Track 13-01

田中 　キムさん、釜山大学の 大学祭は どうですか。

キム 　本当に 楽しいですよ。大学に 歌手が 来て、歌を 歌ったり、
　　　 学生たちが 作った 料理を 販売したり します。

田中 　それは すごいですね。
　　　 留学生も 参加する ことが できますか。

キム 　もちろん、大丈夫ですよ。

田中 　よかったです。キムさんも、大学祭に 行きますか。

キム 　その 日は アルバイトが あります。
　　　 でも、たぶん 5時には 行く ことが できると 思います。
　　　 一緒に 行きましょう。

田中 　はい。楽しみです。

🌱 **새로운 단어** ··

大学祭(だ「いが「くさい) 대학축제 　**〜た「ち** 〜들 　**販売する(は「んばいする)** 판매하다 　**す「ご「い** 대단하다

参加する(さ「んかする) 참가하다 　**よ「かった** 다행이다 　**た「ぶん** 아마

文法·文型練習

1 동사 た형＋り、동사 た형＋り します ~하기도 하고 ~하기도 합니다

「~たり ~たり します」는 여러 가지 동작 중 대표적인 것을 나열한 표현이다.

▶예문

音楽を 聞いたり、アニメを 見たり します。
本を 読んだり、勉強を したり します。

▶연습문제

보기 お風呂の 前・日記を 書く・音楽を 聞く

→ お風呂の 前に 日記を 書いたり、 音楽を 聞いたり します。

① 夏休み・趣味を 楽しむ・母を 手伝う

→ ＿＿＿＿＿＿＿＿＿＿＿＿＿＿＿＿＿＿＿＿＿＿＿＿ 。

② 休日・プールで 泳ぐ・家族と 話す

→ ＿＿＿＿＿＿＿＿＿＿＿＿＿＿＿＿＿＿＿＿＿＿＿＿ 。

③ カラオケ・歌う・踊る

→ ＿＿＿＿＿＿＿＿＿＿＿＿＿＿＿＿＿＿＿＿＿＿＿＿ 。

🌱 새로운 단어 ···

楽しむ(た「のし」む) 즐기다 手伝う(て「つだ」う) 돕다 夏休み(な「つや」すみ) 여름 방학

休日(きゅ「うじつ) 휴일 踊る(お「どる) 춤추다

2 동사 た형＋명사 〜한, 〜했던

동사 た형이 뒤에 오는 명사를 수식한다.

▶예문

昨日 食べた 料理は、おいしかったです。

おととい 送った 手紙が、もう 届きました。

▶연습문제

> | 보기 | 去年・買う・かばん　→　去年 買った かばん |

① 先月・行く・図書館　→　＿＿＿＿＿＿＿＿＿＿＿＿＿＿＿

② 先週・会う・子ども　→　＿＿＿＿＿＿＿＿＿＿＿＿＿＿＿

③ 昨日・作る・ピザ　→　＿＿＿＿＿＿＿＿＿＿＿＿＿＿＿

🌱 새로운 단어 ···

お「とと」い 그제　手紙(て「がみ) 편지　届く(と「ど」く) 도착하다　子ども(こ「ども) 아이　ピ「ザ 피자

送る(お「くる)보내다

172

3 보통형+と 思^{おも}います ~고 생각합니다

자기 생각을 말할 때 쓰는 표현이다.

보통형

명사	현재	긍정	休^{やす}みだ	동사	현재	긍정	来^くる
		부정	休みじゃない			부정	来^こない
	과거	긍정	休みだった		과거	긍정	来^きた
		부정	休みじゃなかった			부정	来^こなかった
イ형용사	현재	긍정	安^{やす}い	ナ형용사	현재	긍정	親切^{しんせつ}だ
		부정	安くない			부정	親切じゃない
	과거	긍정	安かった		과거	긍정	親切だった
		부정	安くなかった			부정	親切じゃなかった

▶예문

山田^{やまだ}さんの 話^{はなし}は うそだと 思います。
明日^{あした}は 雨^{あめ}が 降^ふらないと 思います。

▶연습문제

보기 今年の 冬^{ふゆ}・暖^{あたた}かいです → <u>今年の 冬は 暖かいと 思います。</u>

① その 人^{ひと}・中国人^{ちゅうごくじん}です → _____ 。

② インターネット・便利^{べんり}です

→ _____ 。

③ 合宿^{がっしゅく}・行きません → _____ 。

🌱 **새로운 단어** ···

話(は「なし) 이야기 **う**「そ 거짓말 **合宿**(が「っしゅく) 합숙

4 명사+が できます/동사 기본형+ことが できます ~(를) 할 수 있습니다

어떤 일이 가능하다고 나타낼 때 쓰는 표현이다. 부정표현은 「명사+が できません(~를 할 수 없습니다)」, 「동사 기본형+ことが できません(~할 수 없습니다)」이다.

▶예문

> 100メートル 泳ぐ ことが できます。
> 日本に 電話が できません。

▶연습문제

> 보기 漢字・書く → 漢字を 書く ことが できます。
> 日本語 → 日本語が できます。

① 英語 → ＿＿＿＿＿＿＿＿＿＿＿＿＿＿。

② ピアノ・弾く → ＿＿＿＿＿＿＿＿＿＿＿＿＿＿＿。

③ 観光案内 → ＿＿＿＿＿＿＿＿＿＿＿＿＿＿。

🌱 새로운 단어

~メートル ~m, ~미터　漢字(かんじ) 한자　観光(かんこう) 관광　案内(あんない) 안내

1 다음 그림을 보고 회화문을 만드세요.　　　　Track 13-02

보기
1)
デパート
買い物を する
映画を 見る

A 週末は 何を しましたか。

B デパートで 買い物を したり、映画を 見たり しました。

①
公園
本を読む
運動する

A 週末は 何を しましたか。

B ＿＿＿＿＿＿＿＿＿＿＿＿＿＿＿＿＿＿＿。

②
カフェ
コーヒーを 飲む
友だちと 話す

A 週末は 何を しましたか。

B ＿＿＿＿＿＿＿＿＿＿＿＿＿＿＿＿＿＿＿。

③
家
音楽を 聞く
部屋を 掃除する

A 週末は 何を しましたか。

B ＿＿＿＿＿＿＿＿＿＿＿＿＿＿＿＿＿＿＿。

보기
2)
あの 人 ／ 学生

A あの 人は 学生だと 思いますか。

B はい。学生だと 思います。

いいえ。学生では ないと 思います。

③
サンドイッチ ／ おいしい

A ＿＿＿＿＿＿＿＿＿＿＿＿＿＿＿＿＿＿＿。

B はい。＿＿＿＿＿＿＿＿＿＿＿＿＿＿＿＿。

いいえ。＿＿＿＿＿＿＿＿＿＿＿＿＿＿＿。

④
漫画 ／ 有名だ

A ＿＿＿＿＿＿＿＿＿＿＿＿＿＿＿＿＿＿＿。

B はい。＿＿＿＿＿＿＿＿＿＿＿＿＿＿＿＿。

いいえ。＿＿＿＿＿＿＿＿＿＿＿＿＿＿＿。

🌱 **새로운 단어** ....

サﾞンドイﾞッチ 샌드위치　漫画(まﾞんが) 만화

2 학습 내용을 활용하여 자유롭게 문장을 만드세요.

① 週末に、＿＿＿＿＿＿＿＿たり＿＿＿＿＿＿＿＿たり＿＿＿＿＿＿＿。

② 日本は＿＿＿＿＿＿＿＿＿＿＿＿＿＿＿と 思います。

③ 私は、＿＿＿＿＿＿＿＿＿＿＿＿＿＿が できます。

3 주어진 단락을 읽어 보세요.

私は 趣味が 多いと 思います。休日は 普通、一人で 好きな 音楽を 聞いたり、ジム
で 泳いだり します。今では 1キロ 泳ぐ ことが できます。また、古い 建物や 温泉も
好きです。次の 休みには、慶州へ 行きます。家族と 一緒に お寺を 見たり、ドライブ
したり したいです。

4 다음의 한국어를 일본어로 고치세요.

① 음악을 듣기도 하고, 피자를 먹기도 합니다.

＿＿＿＿＿＿＿＿＿＿＿＿＿＿＿＿＿＿＿＿＿＿＿＿＿＿＿＿＿。

② 지난주에 갔던 도서관은 조용했습니다.

＿＿＿＿＿＿＿＿＿＿＿＿＿＿＿＿＿＿＿＿＿＿＿＿＿＿＿＿＿。

③ 편지는 내일 도착할 것이라고 생각합니다.

＿＿＿＿＿＿＿＿＿＿＿＿＿＿＿＿＿＿＿＿＿＿＿＿＿＿＿＿＿。

④ 저는 가타카나를 쓸 수 있습니다.

＿＿＿＿＿＿＿＿＿＿＿＿＿＿＿＿＿＿＿＿＿＿＿＿＿＿＿＿＿。

🌱 새로운 단어 ···

普通(ふつう) 보통　**一人で(ひとりで)** 혼자서　**～キロ/キロメートル** ～km, ～킬로미터　**古い(ふるい)** 오래되다
次(つぎ) 다음　**キョンジュ(慶州)** 경주　**お寺(おてら)** 절

5 대화를 듣고 해당하는 그림을 고르세요. 🔘 Track 13-03

① (　)　　　　② (　)　　　　③ (　)　　　　④ (　)

6 대화를 듣고 빈칸을 채우세요. 🔘 Track 13-01

田中　キムさん、釜山大の ＿＿＿＿＿＿＿＿ は どうですか。

キム　本当に 楽しいですよ。

　　　大学に 歌手が 来て、歌を ＿＿＿＿＿＿＿＿、

　　　学生たちが 作った 料理を ＿＿＿＿＿＿＿＿ します。

田中　それは すごいですね。

　　　留学生も ＿＿＿＿＿＿＿＿＿＿＿＿＿＿＿＿＿＿＿。

キム　もちろん、大丈夫ですよ。

田中　よかった。キムさんも、大学祭に 行きますか。

キム　その 日は アルバイトが あります。

　　　でも、たぶん 5時には 行くことが できる ＿＿＿＿＿＿＿＿。

　　　一緒に 行きましょう。

田中　はい。楽しみです。

동사

1그룹동사

- ☐ たのしむ(楽しむ)
- ☐ てつだう(手伝う)
- ☐ おどる(踊る)
- ☐ とどく(届く)
- ☐ おくる(送る)

3그룹동사

- ☐ はんばいする(販売する)
- ☐ さんかする(参加する)

イ형용사

- ☐ すごい
- ☐ ふるい(古い)

부사

- ☐ たぶん
- ☐ ふつう(普通)

명사

- ☐ だいがくさい(大学祭)
- ☐ なつやすみ(夏休み)
- ☐ きゅうじつ(休日)
- ☐ おととい
- ☐ てがみ(手紙)
- ☐ こども(子ども)

- ☐ ピザ
- ☐ はなし(話)
- ☐ うそ
- ☐ がっしゅく(合宿)
- ☐ かんじ(漢字)
- ☐ かんこう(観光)
- ☐ あんない(案内)
- ☐ サンドイッチ
- ☐ まんが(漫画)
- ☐ つぎ(次)
- ☐ キョンジュ(慶州)
- ☐ おてら(お寺)

기타

- ☐ ～たち
- ☐ よかった
- ☐ ～メートル
- ☐ ～キロ/キロメートル
- ☐ ひとりで(一人で)

練習

漢字練習 🖊

販 はん ┊ 販売	販	販			
さん ┊ 参加 参	参	参			
か ┊ 参加 加	加	加			
とど(く) ┊ 届く 届	届	届			
ふ ┊ 普通 普	普	普			
つう ┊ 普通 通	通	通			

カタカナ練習 🖊

メートル	メートル	
ピザ	ピザ	
サンドイッチ	サンドイッチ	

일본의 종교

현재 일본에는 교파, 종파, 교단 등의 대규모 종교단체와 신사, 절, 교회 등의 크고 작은 종교단체가 존재하고 있고, 많은 사람들이 다양한 종교 활동을 하고 있다.

2017년판 종교년감(오른쪽 그래프)을 보면, 일본의 종교인구는, 신도(神道)와 불교(仏教)가 다수를 차지하고 있는 것을 알 수 있다. 신도계(46.5%), 불교계(48.1%) 그 이외에도 근세의 기독교계(1.1%), 기타 종교(4.3%) 등이 있다.

신도는 일본의 민속종교이며, 불교는 기독교, 이슬람교와 어깨를 나란히 하는 세계 3대 종교의 하나이다. 12세기경까지는 귀족들의 종교였지만, 鎌倉시대에 들어 치안이 좋지 않은 사회에 대한 불안을 해소하기 위해 새로운 불교가 등장하였고, 그 이후부터는 서민들에게도 퍼져나갔다.

신도와 불교의 차이점의 하나는 숭배 대상이다.
신도는 많은 종류의 신을 신앙의 대상으로 하는 다신교이고, 산, 숲, 돌 같은 자연물, 특정인물이나 동물 등을 신격화하고 숭배 대상으로 삼고 있다. 불교는 수행에 의해 깨달음을 얻어 윤회전생에서 해탈하는 것을 목표로 하고 있어서 원래는 숭배 대상이 없었지만, 일반 사람들에게 알기 쉽게 하기 위해 부처 등을 숭배 대상으로 삼고 있다.

일본인들이 많이 찾는 신사는 신도의 시설로, 절은 불교의 시설인데, 아기가 태어나면 출생의식을 신도식으로 치루고, 인생의 마지막인 장례식은 불교식으로 치르는 경향이 많다. 기독교 신자가 아니라도 크리스마스에는 파티를 하고, 교회에서 결혼식을 올리기도 한다. 이와 같이 여러 종교가 일본인들의 생활 습관이나 행사 속에 자연스럽게 들어가 있다.

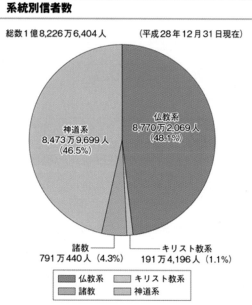

系統別信者数

総数 1 億 8,226 万 6,404 人　　　（平成 28 年 12 月 31 日現在）

神道系
8,473 万 9,699 人
（46.5%）

仏教系
8,770 万 2,069 人
（48.1%）

諸教
791 万 440 人 （4.3%）

キリスト教系
191 万 4,196 人 （1.1%）

仏教系　キリスト教系
諸教　　神道系

（注）信者の把握の基準は宗教団体により異なる。
（出展）文化庁編『宗教年鑑』（平成 29 年版）

부록

1 정답과 해설

2 동사 활용 정리

解答

문법문형연습

① ① ワンさんは 中国人です。
  ② スミスさんは 留学生です。
  ③ 私は 高校生です。

② ① 本田さんの 趣味は ゲームです。
  ② 私の 専攻は 日本語です。
  ③ パクさんは 私の 友だちです。

③ ① 先生は イギリス人ですか。
  ② 佐藤さんは 俳優ですか。
  ③ アンさんは 中学生ですか。

④ ① 佐藤さんは 公務員じゃ ありません。
  ② 私は 大学院生じゃ ありません。
  ③ 母は 主婦じゃ ありません。

응용연습

① ① A 田中さんは 芸人ですか。
    B いいえ、芸人じゃ ありません。
      歌手です。
  ② A 佐藤さんは 野球選手ですか。
    B いいえ、野球選手じゃ ありません。
      サッカー選手です。
  ③ A 鈴木さんは 会社員ですか。
    B いいえ、会社員じゃ ありません。
      フリーターです。
  ④ A マリアさんは アメリカ人ですか。
    B いいえ、アメリカ人じゃ ありません。
      イタリア人です。

② (예시) 釜山大学の 学生, 工学部の 2年生

③ 처음 뵙겠습니다. 박나래입니다. 부산대학교 학생입니다. 공과대학 2학년입니다. 취미는 요리입니다. 잘 부탁드립니다.

④ ① 田中さんも 2年生ですか。
  ② 先生は イギリス人じゃ ありません。
  ③ キムさんは サッカー選手です。
  ④ 私の 趣味は ゲームです。
  ⑤ こちらこそ よろしく お願いします。

⑤ ① 会社員
  ② アメリカ人
  ③ 野球選手
  ④ 歌手

문법문형연습

① ① 田中さんは 男性で、英語の 先生です。
  ② それは えんぴつで、あれは ノートです。
  ③ ここは 人文館で、あそこは 学食です。

② ① その ボールペンは 私のです。
  ② あの 時計は 木村さんのです。
  ③ この 新聞は ジョンさんのです。

③ ① この 方が 太田さんです。
  ② どれが 田中さんの けしゴムですか。
  ③ あそこが 郵便局です。

④ ① この プレゼントは 何ですか。
  ② イさんの 学校は どこですか。
  ③ 太田さんの ぼうしは どれですか。

응용연습

① ① A あれは 何ですか。
    B あれは テレビの はこです。
  ② A あそこは どこですか。
    B あそこは 病院です。
  ③ A 先生の 車は どれですか。
    B 先生の 車は あれです。
  ④ A 2年生の 教室は どこですか。
    B 2年生の 教室は あそこです。

② (예시) 歴史, パソコン, 私のじゃ ありません,
    図書館

③ 이것은 다나카 씨의 선물입니다. 일본 게임 잡지입니다. 다나카 씨의 취미는 게임입니다. 그 양말은 김 씨의 선물로, 다나카 씨의 것이 아닙니다.

④ ① これは 雑誌ですか。
  ② トイレは どこですか。

③ その 本は 私のじゃ ありません。
④ ありがとうございます。
⑤ 私は 学生で、(私の) 友だちは 会社員です。

⑤ ① 오른쪽(病院)
② 왼쪽(図書館)
③ 오른쪽(本屋)
④ 왼쪽(1年生の教室)

第4課

문법문형연습

① ① ぼうしを ふたつ ください。
② けしゴムを みっつ ください。
③ コーラを いつつ ください。

② ① にじゅう さん えん
② さんびゃく よんじゅう ろく ドル
③ にまん ウォン

③ ① 韓国から 日本までです。
② じゅういちから ひゃくまでです。

④ ① 病院は 午前10時から 午後7時までです。
② 図書館は 午前8時から 午後11時半まです。
③ あの コンビニは 午前6時から 午後12時まです。

⑤ ① テストは 5月 9日 月曜日です。
② サッカーは 6月 24日 木曜日です。
③ 私の 誕生日は ○月 ○日 ○曜日です。

⑥ ① 来週の 水曜日は 7日です。
② 明日は 火曜日です。
③ 来月は 5月です。

응용연습

① ① A コーラは いくらですか。
B 1,300ウォンです。
② A コーヒーは いくらですか。
B 3,800ウォンです。
③ A パソコンは いくらですか。

B 106,000ウォンです。
② ① A 銀行は 何時から 何時までですか。
B 午前9時から 午後4時までです。
② A 病院は 何時から 何時までですか。
B 午前9時半から 午後7時までです。
③ A サッカーは 何時から 何時までですか。
B 午後4時から 午後6時半までです。

③ 나는 대학교 1학년이고 취미는 야구입니다. 생일은 7월 11일입니다. 오늘은 내 생일입니다. 다나카 씨는 내 친구입니다. 다나카 씨 생일은 11월 30일입니다. 대학교 2학년이고 취미는 게임입니다. 내일부터 학교 시험입니다. 시험은 월요일부터 금요일까지입니다.

④ ① 誕生日は いつですか。
② 今日は 4月 5日です。
③ 日本語の 授業は 毎週 月曜日です。
④ アルバイトは 午前9時から 午後4時までです。
⑤ あしたは 何曜日ですか。

⑤ ① 1月 1日
② 4月 5日
③ 5月 15日
④ 12月 31日

第5課

문법문형연습

① ① 冬は 寒いです。
② テストは 難しいです。
③ この かばんは 重いです。
④ この デパートは 大きいです。

② ① 高い 山
② おいしい お茶
③ 暑い 夏
④ 楽しい 授業

③ ① この かばんは 小さくて、軽いです。
② 教室は 広くて、寒いです。
③ キムチは 辛くて、おいしいです。
④ この 辞書は 大きくて、重いです。

④ ① 人は 多く ないです/多く ありません。
　② かばんは 重く ないです/重く ありません。
　③ 駅は 遠く ないです/遠く ありません。
　④ 日本語は 難しく ないです/難しく ありません。

⑤ ① A 映画と アニメと どちらが おもしろい
　　　ですか。
　　 B 映画(アニメ)より アニメ(映画)の ほう
　　　が おもしろいです。
　② A お金と 車と どちらが ほしいですか。
　　 B お金(車)より 車(お金)の ほうが ほしい
　　　です。
　③ A スーパーと コンビニと どちらが 近い
　　　ですか。
　　 B スーパー(コンビニ)より コンビニ(スー
　　　パー)の ほうが 近いです。
　④ A 電車と バスと どちらが 速いですか。
　　 B 電車(バス)より バス(電車)の ほうが 速
　　　いです。

응용연습

① (예시)
　① A Bさんは どんな パソコンが ほしいです
　　　か。
　　 B 私は 新しくて、安い パソコンが ほし
　　　いです。
　② A Bさんは どんな さいふが ほしいですか。
　　 B 私は 小さくて、高い さいふが ほしいで
　　　す。
　③ A Bさんは どんな かばんが ほしいですか。
　　 B 私は 青くて、軽い かばんが ほしいです。
　④ A Bさんは どんな 携帯電話が ほしいですか。
　　 B 私は 新しくて、高い 携帯電話が ほし
　　　いです。
　⑤ A Bさんは どんな 彼女が ほしいですか。
　　 B 私は かわいくて、優しい 彼女が ほし
　　　いです。

② (예시)
　① 優しくて いい 人です
　② おもしろいです

③ 広く ありません
④ デパート, スーパー, 近いです

③ 이 백화점은 한국에서 가장 큽니다. 가격도 그다지 비싸지 않습니다. 슈퍼보다 싸고 좋은 물건이 많습니다. 요리도 매우 맛있고, 역도 가깝습니다. 주말은 정말로 사람이 많습니다.

④ ① この デパートは とても 大きいですね。
　② あまり 高く ありません。
　③ 赤くて 軽い ぼうしが ほしいです。
　④ 電車と バスと どちらが 速いですか。
　⑤ アニメより 映画の ほうが おもしろいで
　　 す。

⑤ ① 電車
　② 野球
　③ 釜山
　④ アニメ

第6課

문법문형연습

① ① 勉強は 大変です。
　② 明日は 暇です。
　③ 鈴木さんは サッカーが 得意です。

② ① 親切な 学生
　② 好きな 料理
　③ 丈夫な かばん

③ ① この 車は 丈夫で, 静かです。
　② 私の 父は まじめで, 優しいです。
　③ あの 店の すしは 新鮮で, おいしいです。

④ ① あの 人は まじめじゃ ないです / まじめ
　　 じゃ ありません。
　② 週末は 静かじゃ ないです / 静かでは あり
　　 ません。
　③ 弟の 部屋は きれいじゃ ないです / きれい
　　 では ありません。

⑤ ① 鈴木さんは きれいですが、冷たいです。
　② 歴史は 難しいですが、おもしろいです。

③ あの レストランは おいしいですが、高い
です。

응용연습

1 ① A 田中さんは どんな 人ですか。
B 元気で、おもしろいです。
② A 木村さんは どんな 人ですか。
B 静かですが、まじめじゃ ありません。
③ A その 仕事は どうですか。
B 大変で、難しいです。
④ A その スマホは どうですか。
B 便利ですが、すこし 小さいです。

2 (예시)
① きれいで、親切です
② 有名では ありません
③ 静かで、便利な
④ 得意です、苦手です

3 부산은 한국 제2의 도시입니다. 가장 유명한 곳은 해
운대입니다. 바다가 아주 아름답습니다. 밤경치도 근
사합니다. 여름에는 사람이 많고 언제나 북적입니다.
자갈치시장도 유명합니다. 생선이 신선하고 맛있습니
다. 모두 활기차고 즐거운 곳입니다.

4 ① 弟は まじめです。
② 辛い 料理が 好きです。
③ 仕事は 大変ですが、おもしろいです。
④ ここは 有名で、にぎやかな 店です。
⑤ お元気ですか。

5 ① まじめな 人
② にぎやかです
③ 苦手です
④ 忙しいです

第7課

문법문형연습

1 ① パクさんが います。
② 木が あります。
③ 試験が あります。

④ 留学生が います。

2 ① 机は ありません。
② ペットは いません。
③ 約束は ありません。

3 ① 冷蔵庫に 水が あります。
水は 冷蔵庫に あります。
② 研究室に 青木さんが います。
青木さんは 研究室に います。
③ 公園に 鳥が います。
鳥は 公園に います。

4 ① はこの 中に 果物が あります。
② テーブルの 上に 花が あります。
③ 日本語の 先生と 英語の 先生の 間に 佐
藤さんが います。

5 ① 日本語の 本を 2冊 ください。
② 魚を 3匹 ください。

6 ① 小林さんの お祖父さんは 70歳です。
② 伊藤さんの お姉さんは 優しいです。
③ 中村さんの お兄さんは 公務員です。

응용연습

1 ① A テレビが 何台 ありますか。
B 4台 あります。
② A 留学生が 何人 いますか。
B 2人 います。
③ A 写真が 何枚 ありますか。
B 6枚 あります。
④ A かさが 何本 ありますか。
B 10本 あります。

2 (예시)
① 銀行の 隣
② 日本語の 本が あります
③ 3, 父と 母と 私です

3 이것은 나의 가족사진입니다. 3인 가족입니다. 아버지
와 어머니와 나입니다. 형제는 없습니다. 나는 외아들
입니다. 아버지는 회사원입니다. 일이 많이 있습니다.
바쁩니다. 어머니는 고등학교 선생님입니다. 상냥하고
요리를 잘합니다. 부모님은 서울에 있습니다.

④ ① 映画館は どこに ありますか。
　② 妹は 日本に います。
　③ デパートの 前に 人が たくさん います。
　④ 学校の 中に 銀行は ありませんか。
　⑤ ノートを 一冊 ください。

⑤ ① 왼쪽(お祖母さん)
　② 위쪽(いすの 上)
　③ 아래쪽(2階)
　④ 아래쪽(公園の 中)

문법문형연습

② ① 話します
　② 待ちます
　③ 寝ます
　④ 運動します

③ ① 私は ラジオを 聞きません。
　② 母は 映画を 見ません。
　③ 弟は 掃除を しません。

④ ① 料理を 作りました。
　② 歴史の 本を 借りました。
　③ 野球を しました。

⑤ ① 友だちを パーティーに 呼びませんでした。
　② 薬を 飲みませんでした。
　③ 英語の 宿題を しませんでした。

⑥ ① 本を 借りる 約束
　② 家に 帰る 時間
　③ バスに 乗る ところ

⑦ ① A 何時に 部屋を 片付けますか。
　　B 9時に 片付けます。
　② A 電車は 何時に 来ますか。
　　B 7時 15分に 来ます。
　③ A いつ 映画館に 行きますか。
　　B 明日 映画館に 行きます。

응용연습

① ① A 今週、木村さんに 会いますか。
　　B1 はい、会います。
　　B2 いいえ、会いません。
　② A 先週、本を 借りましたか。
　　B1 はい、借りました。
　　B2 いいえ、借りませんでした。
　③ A 明日は 何を しますか。
　　B 試験の 勉強を します。
　④ A 昨日は 何を しましたか。
　　B 家で 休みました。

② (예시)
8, 起き
9時に 学校へ 行き
そして、学校で 勉強を し
午後 5時から バイトを し
夜 9時に 家に 帰り

③ 나는 항상 7시에 일어납니다. 7시 반에 아침밥을 먹습니다. 8시에 자전거로 학교에 갑니다. 수업은 오전 9시부터 오후 3시 15분까지입니다. 그 다음에 도서관에서 일본어 공부를 합니다. 그리고 집에 돌아갑니다. 7시에 저녁밥을 먹습니다. 밤에는 리포트를 씁니다. 매일 12시에 잡니다.

④ ① 週末は 寮で 洗濯と 掃除を します。
　② 薬を 飲みましたか。
　③ 昨日は バスに 乗りませんでした。
　④ 何時に 友だちに 会う 約束ですか。
　⑤ コーヒーは 飲みません。

⑤ ① X
　② O
　③ O
　④ X

문법문형연습

① ① 水が 飲みたいです。
　② スキーが したいです。

③ 一日中 寝たいです。

② ① 本を 借りに 行きます。
　② レポートを 取りに 帰ります。
　③ 散歩に 行きます。

③ ① 映画を 見ませんか。
　　いいですね。見ましょう。
　② 富士山に 登りませんか。
　　いいですね。登りましょう。
　③ 図書館で 勉強しませんか。
　　いいですね。勉強しましょう。

④ ① ゲームを しながら おやつを 食べます。
　② 歩きながら 電話を します。
　③ 歌を 歌いながら 料理を 作ります。

응용연습

① ① A 今度の 土曜日に 何を しますか。
　　B デパートへ 映画を 見に 行きます。一
　　　緒に 行きませんか。
　　A いいですね。/ 今度の 土曜日は ちょっ
　　　と……。
　② A 今度の 日曜日に 何を しますか。
　　B ソウルへ 友だちに 会いに 行きます。
　　　一緒に 行きませんか。
　　A いいですね。/ 今度の 日曜日は ちょっ
　　　と……。
　③ B ゆっくり 休みたいです。
　④ B 日本の ドラマが 見たいです。

② (예시)
　① 買い物 / 友だちに 会い
　② 映画を 見に 行き
　③ コーヒーが 飲み
　④ 音楽を 聞き, レポートを 書き

③ 이번 여름방학은 친구와 오사카로 여행하러 갑니다.
유니버설 스튜디오에 놀러 가고 싶습니다. 그리고 밤
에는 맥주를 마시면서 불꽃놀이를 보고 싶습니다. 온
천에도 들어가고 싶습니다. 그리고 스시랑 오코노미
야키랑 다코야키를 먹고 싶습니다. 사진도 많이 찍고
싶습니다.

④ ① 日本へ 勉強しに 行きたいです。
　② 散歩しながら 音楽を 聞きます。
　③ 今 何が 食べたいですか。
　④ 土曜日の 7時に デパートの 前で 会いま
　　せんか。
　⑤ 一緒に 写真を 撮りましょう。

⑤ ① b
　② a
　③ d
　④ c

第10課

문법문형연습

① ① 犬の 散歩を しない 日
　② 学校に 行かない 日
　③ 朝ごはんを 食べない 人

② ① ぼうしは(ぼうしを) かぶらない ほうが い
　　いです。
　② この ニュースは(ニュースを) 田中さん
　　に 言わない ほうが いいです。
　③ 重い かばんは(かばんを) 持たない ほう
　　が いいです。

③ ① 大きい 声で 話さないで ください。
　② 窓を 開けないで ください。
　③ ここで 遊ばないで ください。

④ ① 明日は 雨ですから、散歩しません。
　② 歌が 苦手ですから、カラオケに(カラオケ
　　には) 行きません。
　③ 私が 電話を かけますから、大丈夫です。

응용연습

① ① A 毎日、シャワーを 浴びますか。
　　B シャワーを 浴びる 日も、浴びない 日
　　　も あります。
　② A 毎日、カフェに 行きますか。
　　B カフェに 行く 日も、行かない 日も あ
　　　ります。

③ A 毎日、ゲームを します か。
　　B ゲームを する 日も、しない 日も あり
　　　ます。
④ A 毎日、両親に 電話を かけます か。
　　B 電話を かける 日も、かけない 日も あ
　　　ります。

② (예시)
① 朝ごはんを 食べ
② ここでは たばこを 吸わ
③ 本を 見
④ 寒いです, 中に 入りましょう

③ 일본은 태풍이 많은 나라입니다. 태풍이 가장 많은 시기는 8월과 9월입니다. 비가 들어오니까, 창문을 열지 않는 편이 좋습니다. 태풍으로 비와 바람이 매우 강한 날은, 전차도 멈춥니다. 밖에 나가지 않는 편이 좋습니다. 위험하니까, 바다나 강에는 가지 마세요. 주의합시다.

④ ① コーヒーを 飲まない 人も います。
② 夜遅く 電話を かけない ほうが いいです。
③ 病院で 走らないで ください。
④ この 映画は おもしろいですから 一緒に 見に 行きませんか。
⑤ たばこは 体に よく ありませんから、吸わない ほうが いいです。

⑤ ① 왼쪽(お茶)
② 오른쪽(写真)
③ 왼쪽(お菓子を食べない)
④ 왼쪽(ノート)

第11課

문법문형연습

① ① 飲んで
② 走って
③ 聞いて
④ 歌って
⑤ 寝て
⑥ 運動して

② ① 荷物を 運んで います。
② コーヒーを 飲んで いません。
③ ロボットを 作って いません。

③ ① 毎週 日本語を 習って います。
② 毎月 雑誌を 買って います。
③ 毎日 キムチを 食べて います。

④ ① ドアは 閉まって います。
② 兄は 太って いません。
③ 姉は 結婚して います。
④ 祖父は メガネを かけて いません。
⑤ 妹は ズボンを はいて います。

⑤ ① 少し 休んで ください。
② 窓を 開けて ください。
③ 靴を 脱いで ください。

응용연습

① ① A パクさんは 寝て いますか。
　　B いいえ、寝て いません。勉強を して います。
② A 長谷川さんは ピアノを 弾いて いますか。
　　B いいえ、弾いて いません。絵を 描いて います。
③ A お兄さんは 散歩を して いますか。
　　B いいえ、散歩を して いません。バイクに 乗って います。
④ A キムさんは 太って いますか。
　　B いいえ、太って いません。やせて います。
⑤ A 部屋の 窓は 開いて いますか。
　　B いいえ、開いて いません。閉まって います。

② (예시)
① 今、漢字を 書いて
② 日本語の 勉強を して
③ やせて

③ 오늘 수업은 휴강입니다. 그래서 역 앞의 카페에서 커피를 마시고 있습니다. 이 가게 커피는 맛이 있어서 자주 옵니다. 주문을 기다리는 사람도 많습니다. 지금

눈이 내리고 있습니다. 매우 춥습니다. 코트를 입은 사람도 많습니다.

④ ① まだ 家に 帰って いません。
② 急いで ください。
③ 弟は 母の 隣に 座って います。
④ 今 絵を 習って います。

⑤ ① 진행
② 상태
③ 진행
④ 상태

第12課

문법문형연습

① ① 高橋先生の 授業を 聞いた ことが あります。
② イタリア語の 歌を 歌った ことが あります。

② ① 先輩に メールを 書いた ほうが いいです。
② 先生に 相談した ほうが いいです。
③ 毎日 日記を 付けた ほうが いいです。

③ ① 自転車は 高かったです / 高く ありません でした。
② 芸能人は 多かったです / 多く ありません でした。
③ 日本の 冬は 暖かかったです / 暖かく ありません でした。

④ ① その 店員は まじめでした / まじめじゃ あ りませんでした。
② 祖母は ピアノが 上手でした / 上手じゃ あ りませんでした。
③ あの ホテルは 静かでした / 静かじゃ あり ませんでした。

⑤ ① 昨日は 晴れでした / 晴れじゃ ありません でした。
② 先週は 試験でした / 試験じゃ ありません でした。

③ 日曜日は デートでした / デートじゃ あり ませんでした。

응용연습

① ① A スーパーの 野菜は 安かったですか。
B デパートの 野菜より 高かったです。
② A 着物を 着た ことが ありますか。
B いいえ、着物を 着た ことが ありませ ん。
③ A 日本へ 行った ことが ありますか。
B いいえ、日本へ 行った ことが ありま せん。
④ A 眠いです。
B 早く 寝た ほうが いいですよ。
⑤ A お腹が 痛いです。
B 病院に 行った ほうが いいですよ。

② (예시)
① 東京の 渋谷に 行った
② 先週の パーティーは とても にぎやか
③ 昨日の 店は 日本人も 外国人も 多
④ 東京に 住んだ ことが あります

③ 일본에서 뮤지컬을 본 적이 있습니다. 노래도 춤도 매우 멋졌습니다. 일본어가 어려웠습니다만 다시 꼭 보러 가고 싶습니다. 관객이 많았으므로 티켓은 인터넷에서 예약하는 편이 좋습니다.

④ ① 運動した ほうが いいです。
② ゲームの 雑誌を 読んだ ことが あります。
③ あの 店は おいしかったです。
④ あの ホテルは 静かでした。
⑤ 昨日は 友達の 誕生日でした。

⑤ ① b
② d
③ a
④ c

第13課

문법문형연습

1. ① 夏休みに 趣味を 楽しんだり、母を 手伝ったり します。
   ② 休日に プールで 泳いだり、家族と 話したり します。
   ③ カラオケで 歌ったり、踊ったり します。

2. ① 先月 行った 図書館
   ② 先週 会った 子ども
   ③ 昨日 作った ピザ

3. ① その 人は 中国人だと 思います。
   ② インターネットは 便利だと 思います。
   ③ 合宿は 行かないと 思います。

4. ① 英語が できます。
   ② ピアノを 弾く ことが できます。
   ③ 観光案内が できます。

응용연습

1. ① 公園で 本を 読んだり、運動したり しました。
   ② カフェで コーヒーを 飲んだり、友だちと 話したり しました。
   ③ 家で 音楽を 聞いたり、部屋を 掃除したり しました。
   ④ A あの サンドイッチは おいしいと 思いますか。
      B おいしいと 思います。
        おいしく ないと 思います。
   ⑤ A この 漫画は 有名だと 思いますか。
      B 有名だと 思います。
        有名では ないと 思います。

2. (예시)
   ① 公園に 行っ, 友だちに 会っ, します
   ② とても きれいな 国だ
   ③ 日本語を 話す こと

3. 나는 취미가 많다고 생각합니다. 휴일은 보통, 혼자서 좋아하는 음악을 듣거나, 체육관에서 수영하거나 합니다. 지금으로서는 1km 수영할 수 있습니다. 또, 오래된 건물이나 온천도 좋아합니다. 다음 휴일에는 경주에 갈 예정입니다. 가족과 함께 절을 보거나, 드라이브 하거나 하고 싶습니다.

4. ① 音楽を 聞いたり、ピザを 食べたり します。
   ② 先週 行った 図書館は 静かでした。
   ③ 手紙は 明日 届くと 思います。
   ④ 私は カタカナを 書く ことが できます。

5. ① b
   ② c
   ③ d
   ④ a

동사 활용 정리

	기본형	ます형 (~합니다)		て형 (~하고, ~해서)	
1그룹	会う (만나다)	会い	ます	会っ	て
	聞く (듣다)	聞き	ます	聞い	て
	話す (이야기하다)	話し	ます	話し	て
2그룹	食べる (먹다)	食べ	ます	食べ	て
	見る (보다)	見	ます	見	て
3그룹	する (하다)	し	ます	し	て
	来る (오다)	来	ます	来	て

	ない형 (~하지 않다)		た형 (~했다)	
1그룹	会わ	ない	会っ	た
	聞か	ない	聞い	た
	話さ	ない	話し	た
2그룹	食べ	ない	食べ	た
	見	ない	見	た
3그룹	し	ない	し	た
	来	ない	来	た

Memo

동양북스 채널에서 더 많은 도서
더 많은 이야기를 만나보세요!

 ▶ 유튜브

 ⦿ 인스타그램

 🅑 블로그

 포스트

 f 페이스북

 카카오뷰

외국어 출판 45년의 신뢰
외국어 전문 출판 그룹
동양북스가 만드는 책은 다릅니다.

45년의 쉼 없는 노력과 도전으로 책 만들기에 최선을 다해온
동양북스는 오늘도 미래의 가치에 투자하고 있습니다.
대한민국의 내일을 생각하는 도전 정신과 믿음으로 최선을 다하겠습니다.

📖 동양북스